MW01269057

Raël

Le Livre
qui dit la Vérité

Le message donné
par les extraterrestres

Le présent ouvrage à été publié pour la première fois en 1974. il représente la première partie d'une collection qui comprend deux autres livres:

Les Extraterrestres m'ont emmené sur leur planète, publié en 1975.

Accueillir les Extraterrestres publié en 1979.

ISBN : 9798495414679
Edité par Nova International Corporation
L'éditeur peut être contacté à publishing@rael.org

Responsable projet : Chris Antille
Composition : Pierre-André Dorsaz
Couverture : Elena Del Carlo

TABLE DES MATIÈRES

PREMIER LIVRE

LE LIVRE QUI DIT LA VÉRITÉ

Chapitre 1

LA RENCONTRE

Depuis l'âge de neuf ans, je n'ai toujours eu qu'une passion : le sport automobile, et si j'ai créé une revue spécialisée dans cette branche voilà trois ans, c'est pour vivre dans ce milieu si excitant où l'homme cherche à se dépasser lui-même en dépassant les autres. Depuis ma plus tendre enfance je rêvais d'être un jour pilote de course et me voyais marchant sur les traces de Fangio. J'ai pu, grâce aux relations que m'a procurées le journal que j'ai fondé, courir moi-même et toujours d'une manière assez brillante, une dizaine de coupes ornant maintenant mon appartement.

Si j'allais, ce matin du 13 décembre 1973, dans les volcans qui dominent Clermont-Ferrand, c'était plus pour m'oxygéner un peu que pour faire de la voiture. Et puis les jambes me démangeaient après une année à suivre les courses, de circuit en circuit, vivant presque tout le temps sur quatre roues.

L'air était frais et le ciel plutôt gris avec un fond de brume. Je marchais et faisais un peu de « footing ». J'avais quitté le chemin où j'avais garé ma voiture et m'étais fixé pour but d'aller jusqu'au centre du cratère du « Puy-de- Lassolas » où je venais souvent pique-niquer en famille, l'été. Quel lieu magnifique et exaltant. Penser que voici quelques milliers d'années, là où mes pieds touchaient le sol, la lave jaillissait à des températures incroyablement élevées… Parmi les scories on peut encore trouver des bombes volcaniques très décoratives. La végétation rabougrie fait un peu penser à la Provence, le soleil en moins… J'allais repartir et regardais une dernière fois les sommets de la montagne circulaire faite par l'amoncellement de scories. Que de fois je m'étais amusé à me laisser glisser comme à skis le long de ces pentes abruptes. Soudain, dans la brume, j'aperçus une lumière rouge clignotante, puis une espèce d'hélicoptère qui descendait vers moi. Mais un hélicoptère fait du bruit, or là, je n'entendais absolument rien, même pas le plus petit sifflement. Un ballon ? L'engin était maintenant à une vingtaine de mètres d'altitude et je m'aperçus qu'il était de forme aplatie. Une soucoupe volante ! J'y croyais fermement depuis longtemps mais je n'espérais pas en voir une moi-même un jour. Elle avait environ sept mètres de diamètre, plate au-dessous et conique au-dessus, haute d'environ deux mètres cinquante. À sa base, une violente lumière rouge clignotait et à son sommet une lumière blanche intermittente rappelait le flash d'un appareil photo. Cette lumière blanche était tellement intense que je ne pouvais la regarder sans cligner des yeux. L'engin continua de descendre sans un bruit et s'immobilisa à deux mètres du sol. J'étais pétrifié et restais absolument immobile. Je n'avais pas peur mais étais plein de joie de vivre un tel moment. Je regrettais amèrement de ne pas avoir d'appareil photo. Alors l'incroyable se produisit : une trappe s'ouvrit sous l'appareil et une espèce d'escalier se déplia jusqu'au sol. Je compris qu'un être allait en sortir et je me demandais quelle allure cela allait avoir.

Deux pieds apparurent, puis deux jambes, ce qui me rassura un peu, car apparemment j'allais avoir à faire à un homme. Ce que je pris d'abord pour un enfant apparut enfin complètement, descendit l'escalier et se dirigea droit sur moi. Je vis alors que ce n'était pas un enfant malgré sa taille voisine d'un mètre vingt. Il avait les yeux légèrement bridés, les cheveux noirs et longs et une petite barbe noire. Il s'arrêta à une dizaine de mètres de moi. Je n'avais toujours pas bougé. Il portait une combinaison verte recouvrant tout son corps d'une seule pièce, et si sa tête avait l'air d'être à l'air libre, un étrange halo l'entourait. Pas vraiment un halo mais comme si l'air autour de son visage brillait légèrement et vibrait. Cela faisait comme un scaphandre invisible, comme une bulle tellement fine qu'on l'apercevrait à peine. Sa peau était blanche mais tirant légèrement sur le vert, un peu comme un homme qui aurait mal au foie. Il me sourit légèrement. Je pensais que le mieux était de répondre à ce sourire. Je n'étais pas tranquille. Je souris également et inclinai légèrement la tête en signe de bonjour. Il me répondit par le même signe. Pensant qu'il fallait que je voie s'il pouvait m'entendre, je lui demandai :

« D'où venez-vous ? »

Il me répondit d'une voix puissante, très bien articulée mais légèrement nasillarde :

« De très loin...

– Vous parlez le français ?

– Je parle toutes les langues du monde.

– Vous venez d'une autre planète ?

– Oui ».

En parlant il s'était approché à environ deux mètres de moi.

« C'est la première fois que vous venez sur la Terre ?

— Oh non !

— Vous y êtes venu très souvent ?

— Très souvent... c'est le moins qu'on puisse dire.

— Que venez-vous y faire ?

— Aujourd'hui, vous parler.

— À moi ?

— Oui. À vous, Claude Vorilhon, éditeur d'une petite revue de sport automobile, marié, père de deux enfants.

— ... Comment savez-vous tout cela ?

— Nous vous observons depuis longtemps.

— Pourquoi moi ?

C'est justement ce que je veux vous dire. Pourquoi êtes-vous venu ici en ce froid matin d'hiver ?

— Je ne sais pas... envie de faire un peu de marche au grand air...

— Vous venez souvent ici ?

– En été oui, mais à cette époque pratiquement jamais.

– Alors, pourquoi aujourd'hui ? Vous l'aviez prévue depuis longtemps, cette promenade ?

– Non. Je ne sais pas. Ce matin en me réveillant j'ai subitement eu envie de venir là.

– Vous êtes venu parce que je voulais vous voir. Croyez-vous à la télépathie ?

– Oui, bien sûr. C'est un sujet qui m'a toujours intéressé ainsi que tout ce qui touche à ce que les hommes appellent les « soucoupes volantes ». Je n'aurais jamais pensé en voir une moi-même.

– Eh bien, j'ai utilisé la télépathie pour vous faire venir ici. J'ai beaucoup de choses à vous dire. Avez-vous lu la Bible ?

– Oui, pourquoi me demandez-vous cela ?

– Vous l'avez lue il y a longtemps ?

– Non, je l'ai achetée il y a seulement quelques jours.

– Pourquoi ?

– Je ne sais pas, subitement j'ai eu envie de la lire...

– C'est encore par télépathie que je vous l'ai fait acheter. J'ai beaucoup de choses à vous dire et je vous ai choisi pour une mission difficile. Venez dans mon appareil, nous y serons mieux pour bavarder un peu ».

Je le suivis et montais par le petit escalier situé sous l'engin. A voir de plus près, cela ressemblait un peu à une cloche aplatie dont le dessous serait plein et bombé. Il y avait à l'intérieur deux fauteuils face à face et la température était douce sans que la porte soit fermée. Il n'y avait pas de lampe mais une lumière naturelle qui venait de partout. Il n'y avait aucun instrument de bord rappelant une cabine de pilotage. Le plancher était fait d'un alliage étincelant et un peu bleuté. Une fois que je fus assis dans le fauteuil le plus grand mais le plus bas, fauteuil fait d'une seule matière un peu transparente, incolore et très confortable, le petit homme s'installa en face de moi, dans un siège semblable mais plus petit et plus haut afin que son visage soit au même niveau que le mien. Il toucha alors une partie du mur et tout l'appareil devint transparent, sauf sa base et son sommet. Nous étions comme en plein air mais dans une douce chaleur. Il me proposa d'enlever mon manteau, ce que je fis et il parla.

« Vous regrettez beaucoup de n'avoir pas d'appareil photo afin de raconter notre entrevue à tous les hommes, preuve à l'appui ?

– Bien sûr...

– Écoutez-moi. Vous allez leur raconter mais en leur disant la vérité sur ce qu'ils sont et sur ce que nous sommes. Suivant leurs réactions, nous verrons si nous pouvons nous montrer à eux librement et officiellement. Attendez de tout savoir avant de leur parler afin de vous défendre correctement contre ceux qui ne vous croiront pas et de pouvoir leur apporter des preuves incontestables. Vous écrirez tout ce que je vous dirai et ferez publier le livre regroupant ces écrits.

– Pourquoi m'avez-vous choisi moi ?

– Pour beaucoup de raisons. D'abord, il nous fallait quelqu'un qui soit dans un pays où les idées nouvelles sont bien reçues et où il est possible de les exprimer. La France est le pays où la démocratie est née et son image sur la Terre entière est celle du pays de la liberté. Ensuite, il fallait quelqu'un qui soit intelligent et ouvert à tout. Enfin et surtout, il nous fallait quelqu'un qui soit libre-penseur sans être anti-religieux. Étant de père juif et de mère catholique, il se trouve que vous étiez le trait d'union idéal entre deux peuples très importants dans l'histoire du monde. D'autre part, votre activité ne vous prédisposant en rien à des révélations incroyables pour la plupart rendront vos dires plus crédibles. N'étant pas un scientifique, vous ne compliquerez pas la chose et l'expliquerez simplement. N'étant pas un littéraire, vous ne ferez pas de phrases compliquées et difficiles à lire du plus grande nombre.

Enfin, nous avons décidé de choisir quelqu'un après la première explosion atomique qui eut lieu en 1945 et vous êtes né en 1946. Nous vous suivons depuis votre naissance et même avant. Voilà pourquoi nous vous avons choisi. Avez-vous d'autres questions à me poser ?

– D'où venez-vous ?

– D'une lointaine planète dont je ne vous dirai rien de peur que, si les hommes de la Terre n'étaient pas sages, ils ne troublent notre tranquillité.

– C'est très loin ?

– Très loin ; lorsque je vous dirai la distance, vous comprendrez que vous ne pouvez pas y aller avec vos connaissances techniques et scientifiques actuelles.

– Comment vous appelez-vous ?

– Nous sommes des hommes comme vous et nous vivons sur une planète assez semblable à la Terre.

– Combien de temps mettez-vous pour venir sur la Terre ?

– Le temps d'y penser.

– Pourquoi venez-vous sur la Terre ?

– Pour voir où en sont les hommes et veiller sur eux. Ils sont l'avenir, nous sommes le passé.

– Êtes-vous nombreux ?

– Plus nombreux que vous.

– J'aimerais aller sur votre planète, le pourrais-je ?

– Non. D'abord vous ne pourriez pas y vivre. L'atmosphère est très différente de la vôtre et vous n'êtes pas assez entraîné pour supporter le voyage.

– Pourquoi nous rencontrer ici ?

– Parce que le cratère d'un volcan est un lieu idéal pour être à l'abri des regards importuns. Maintenant je vais repartir. Revenez demain avec la Bible, à la même heure, et amenez de

quoi prendre des notes. N'apportez avec vous rien de métallique et ne parlez à personne de nos entretiens sinon nous ne
nous reverrons pas ».

Il me laissa redescendre par le petit escalier, me rendit
mon manteau et me salua de la main. L'escalier se replia, la
trappe se referma sans le moindre bruit et, toujours sans un
murmure ni le plus infime sifflement, l'appareil s'éleva doucement jusqu'à environ 400 mètres puis disparut dans la
brume.

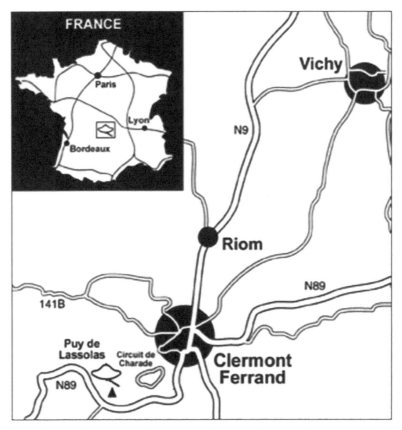

Le volcan du Puy de Lassolas près de Clermont-Ferrand, l'endroit où Raël a fait sa première rencontre le 13 décembre 1973.

Chapitre 2

LA VÉRITÉ

LA GENÈSE

LE DÉLUGE

LA TOUR DE BABEL

SODOME ET GOMORRHE

LE SACRIFICE D'ABRAHAM

La Genèse

Le lendemain, j'étais au rendez-vous avec un cahier, un stylo et la Bible. L'engin réapparut à l'heure dite et je me retrouvai face au même petit homme qui m'invita à entrer et à prendre place dans le confortable fauteuil. Je n'avais parlé de tout cela à personne, même pas à mes proches et il fut heureux d'apprendre que j'étais resté discret. Il m'invita à prendre des notes et commença à parler.

« Il y a très longtemps, sur notre planète lointaine, les hommes étaient arrivés à un niveau technique et scientifique comparable à celui que vous aurez bientôt. Ils commencèrent à créer des formes primitives et embryon- naires de vie, des cellules vivantes en éprouvettes. Cela « emballa » tout le monde. Ils perfectionnèrent leurs techniques et arrivèrent à créer de petits animaux bizarres, quand l'opinion publique de notre planète et le gouvernement interdirent à ces savants de poursuivre leurs expériences et de créer des monstres qui pouvaient devenir dangereux pour la communauté. Un de ces animaux s'était en effet évadé et avait fait plusieurs victimes. Comme, parallèlement, l'exploration interplanétaire et intergalactique avaient progressé, ils décidèrent de partir sur une planète lointaine, réunissant à peu près toutes les conditions pour qu'ils puissent y poursuivre leurs expériences. Ils choisirent la Terre où vous vivez. C'est là que je vous demande de prendre la Bible, où vous pourrez retrouver les traces de la vérité qui ont bien sûr été un peu déformées par les copistes, qui n'arrivaient pas à concevoir technologiquement de telles choses et ne pouvaient qu'attribuer au mystique et au surnaturel ce qui était décrit.

Seules les parties de la Bible que je vais vous traduire sont importantes. Les autres, qui ne sont que des bavardages poétiques, je ne vous en parlerai pas. Reconnaissez tout de même que grâce à la loi qui disait qu'il fallait recopier la Bible sans rien en changer, même pas le plus petit signe, le sens profond est resté même si le texte s'est chargé de phrases mystiques et inutiles au fil des millénaires.

Prenez d'abord la Genèse, au premier chapitre : « Au commencement Elohim créa les cieux et la terre ». (Genèse, I-1)

Elohim, injustement traduit dans certaines Bibles par Dieu, veut dire en Hébreu « ceux qui sont venus du ciel » et est bel et bien au pluriel. Cela veut dire que les scientifiques issus de notre monde ont d'abord recherché la planète leur paraissant la plus apte à la réalisation de leurs projets. Ils ont « créé », découvert en réalité, la terre et se sont rendus compte qu'elle réunissait tous les éléments nécessaires à la création d'une vie artificielle même si son atmosphère n'était pas tout à fait identique à la leur.

« Et l'esprit d'Elohim planait au-dessus des eaux ». (Genèse, I-2)

Ils effectuèrent des voyages de reconnaissance et ce que vous pourriez appeler des satellites artificiels étaient mis en place autour de la Terre afin d'en étudier la constitution et l'atmosphère. La Terre était alors entièrement recouverte d'eau et de brumes épaisses. « Elohim vit que la lumière était bonne ». (Genèse, I-4)

Il était important, pour créer la vie sur la Terre, de savoir si le soleil n'envoyait pas de rayons nocifs à sa surface, ce qui fut étudié. Il s'avéra que le soleil chauffait correctement la Terre sans lui envoyer de rayons nocifs. La «lumière était bonne».

«Il y eut un soir, il y eut un matin : premier jour». (Genèse, I-5)

Ces études prirent pas mal de temps. Le «jour» correspond à la période pendant laquelle votre soleil se lève sous le même signe le jour de l'équinoxe de printemps, soit deux mille ans terrestres environ.

«Il sépara les eaux qui sont au-dessous du firmament d'avec les eaux qui sont au-dessus du firmament». (Genèse, I-7)

Après avoir étudié le rayonnement cosmique au-dessus des nuages, ils descendirent au-dessous des nuages, tout en restant au-dessus de l'eau. Entre les eaux d'en haut : les nuages, et les eaux d'en bas : l'océan recouvrant toute la Terre.

«Que les eaux de dessous les cieux s'amassent en un seul lieu et qu'apparaisse la Sèche». (Genèse, I-9)

Après avoir étudié la surface des océans, ils étudièrent le fond de l'eau et s'aperçurent que ce n'était pas très profond et à peu près égal partout. Ils ont alors, grâce à d'assez fortes explosions qui ont fait un peu un travail de bulldozers, fait en sorte que de la matière soit enlevée du fond des mers et qu'elle s'amasse au même endroit, ce qui forma un continent. À l'origine, il n'y avait qu'un continent sur la Terre et vos savants viennent d'ailleurs de s'apercevoir que tous les continents qui ont dérivé s'emboîtent parfaitement pour n'en former qu'un seul.

«Que la terre produise du gazon, de l'herbe (...) des arbres (...) qui aient en eux leur semence... selon leur espèce». (Genèse, I, 11-12)

Ils ont alors créé sur ce magnifique et gigantesque laboratoire des cellules végétales à partir de rien d'autre que des produits chimiques. Ce qui donna des plantes de toutes sortes. Tous leurs efforts ont porté sur la reproduction. Il fallait que les quelques brins d'herbes qu'ils faisaient naître puissent se reproduire. Ils se sont répandus sur cet immense continent en divers groupes de recherche scientifique et chacun, suivant son climat et son inspiration, créait des plantes différentes. Ils se réunissaient à intervalles réguliers pour comparer leurs recherches et leurs créations. Au loin, leur planète suivait avec émerveillement et passion leur travail. Les artistes les plus brillants vinrent se joindre aux scientifiques afin de donner à certaines plantes un but purement décoratif et agréable, soit par leur aspect, soit par leur parfum.

«Qu'il y ait des luminaires au firmament des cieux pour séparer le jour de la nuit et qu'ils servent de signes pour les saisons, pour les jours et pour les années!». (Genèse, I-14)

Ils ont pu, en observant les étoiles et le soleil, mesurer la durée des jours, des mois et des années sur la Terre, qui allaient leur servir à régler leur vie sur cette nouvelle planète tellement différente de la leur et où les jours n'avaient pas du tout la même durée ainsi que les années. Des études astronomiques leur permirent de se situer parfaitement et de mieux connaître la Terre.

«Que les eaux foisonnent d'une foison d'animaux vivants et que les volatiles volent au-dessus de la terre (...)». (Genèse, I-20.)

Ils ont ensuite créé les premiers animaux aquatiques. Du plancton aux petits poissons puis ensuite de très gros poissons. Afin que tout ce petit monde soit équilibré et qu'il ne meure pas, ils ont créé des algues dont les petits poissons se nourrissent, des gros poissons pour manger les plus petits, etc., afin qu'un équilibre naturel s'établisse et qu'une espèce n'en détruise pas complètement une autre dont elle a besoin pour se nourrir. Ce que vous appelez maintenant l'écologie en quelque sorte. Cela fut réussi.

Ils se réunissaient souvent et organisaient des concours pour désigner l'équipe de savants ayant créé l'animal le plus beau ou le plus intéressant.

Après les poissons, ils ont créé les oiseaux, il faut dire, sous la pression des artistes qui d'ailleurs s'en donnèrent à cœur joie de répandre les couleurs les plus folles et les formes les plus étonnantes sur des animaux qui arrivaient parfois très mal à voler en raison de leurs plumes décoratives très encombrantes. Les concours allaient plus loin, après les formes, ils ont modifié le comportement de ces animaux lors des préparations à l'accouplement afin qu'ils effectuent des danses matrimoniales toujours plus admirables. Mais d'autres équipes de savants créèrent des animaux épouvantables, des monstres qui faisaient que ceux qui n'avaient pas voulu qu'ils réalisent leurs expériences sur leur planète avaient eu raison. Des dragons ou ce que vous avez baptisé des Dinosaures ou autres Brontosaures, etc.

«Que la terre fasse sortir des animaux vivants selon leur espèce : bestiaux, reptiles, bêtes sauvages, selon leur espèce ! ». (Genèse, I-24)

Après les mers et les airs, ils ont créé des animaux terrestres sur une terre dont la végétation était alors devenue magnifique. Il y avait de la nourriture pour des herbivores. Ce sont les premiers animaux terrestres qui ont été faits. Ils ont ensuite créé des carnivores pour équilibrer le peuple des herbivores. Là aussi il fallait que les espèces s'équilibrent d'elles-mêmes. Ces hommes venaient de la planète d'où je viens. Je suis l'un de ceux qui ont créé la vie sur la Terre.

C'est alors que les plus habiles d'entre nous voulurent créer un homme comme nous artificiellement. Chaque équipe se mit au travail, nous pûmes comparer bientôt nos créations. Mais les occupants de la planète d'où nous venions se scandalisèrent du fait que nous faisions des «enfants d'éprouvette» qui, d'autre part, risquaient de venir semer la panique chez eux. Ils craignaient que ces hommes soient un danger pour eux si leurs capacités ou leurs pouvoirs s'avéraient supérieurs à ceux de leurs créateurs. Nous dûmes nous engager à les laisser vivre primitivement, sans rien leur révéler de scientifique et en mys- tifiant nos agissements. Le nombre d'équipes de créateurs est facile à trouver ; chaque race humaine correspond à une équipe de créateurs.

«Faisons l'homme à notre image, à notre ressemblance ! Qu'il ait autorité sur les poissons de la mer et sur les oiseaux des cieux, sur les bestiaux, sur toutes les bêtes sauvages et sur tous les reptiles qui rampent sur la terre ! ». (Genèse, I-26)

A notre image! Vous pouvez constater que la ressemblance est frappante.

Là, les problèmes ont commencé pour nous. L'équipe qui se trouvait dans le pays que vous appelez aujourd'hui Israël et qui n'était alors pas très éloigné de la Grèce et de la Turquie sur le continent unique, était une des plus brillantes, sinon la plus brillante. Ses animaux étaient les plus beaux et ses plantes les plus odorantes. C'était ce que vous appelez le paradis terrestre. Et l'homme qui y fut créé était le plus intelligent. Aussi durent-ils prendre des mesures afin que le créé ne dépasse pas le créateur. Il fallait le confiner dans l'ignorance des grands secrets scientifiques tout en l'éduquant afin de pouvoir mesurer son intelligence.

«De tout arbre du jardin tu pourras manger, mais de l'arbre de la science du bien et du mal tu n'en mangeras pas, car du jour où tu en mangerais, tu mourrais». (Genèse, II, 16-17)

Ce qui veut dire : tu peux apprendre tout ce que tu voudras, lire tous les livres que nous avons ici à ta disposition, mais ne touche pas aux livres scientifiques sinon tu mourrais.

«Il amena vers l'homme les animaux pour voir comment il les appellerait». (Genèse, II-19)

Il fallait qu'il connaisse bien les plantes et les animaux qui l'entouraient, leur mode de vie et les moyens de se procurer grâce à eux de la nourriture. Les créateurs lui apprirent le nom et les pouvoirs de tout ce qui vivait autour de lui : la botanique et la zoologie car cela n'était pas dangereux pour eux.

Imaginez la joie de cette équipe de savants ayant deux

enfants, mâle et femelle, courant dans leurs jambes et auxquels ils apprenaient toutes sortes de choses dont ils étaient avides.

« Or le serpent (...) dit à la femme (...) du fruit de l'arbre qui est au milieu du jardin (...) vous n'en mourriez pas, mais Elohim sait que, le jour où vous en mangerez, vos yeux se dessilleront et vous serez comme des dieux ». (Genèse, III, I-5)

Parmi tous les savants de cette équipe, quelques-uns qui aimaient profondément leurs petits hommes, leurs « créature », voulaient donner une instruction complète à ces enfants et en faire des savants comme eux. Ils dirent à ces jeunes gens qui étaient presque adultes qu'ils pouvaient faire des études scientifiques et qu'ils seraient aussi forts que leurs créateurs.

« Alors se dessillèrent leurs yeux, à tous deux, et ils surent qu'ils étaient nus ». (Genèse, III-7)

Alors ils comprirent qu'ils pouvaient eux aussi devenir des créateurs et en voulurent à leurs pères de leur avoir interdit de toucher aux livres scientifiques, les considérant ainsi comme de dangereux animaux de laboratoire.

« Iahvé Elohim dit au serpent : « (...) maudit sois-tu (...) Sur ton ventre tu marcheras et tu mangeras de la poussière tous les jours de ta vie ! ». (Genèse, III-14)

Le « serpent », ce petit groupe de créateurs qui avait voulu apprendre la vérité à Adam et Ève, était condamné par le gouvernement de la planète originelle à vivre sur Terre en exil tandis que les autres créateurs devaient stopper leurs expériences et quitter la Terre.

« Elohim fit pour l'homme et sa femme des tuniques de peau et les en revêtit ». (Genèse, III-21)

Les créateurs leur donnèrent des moyens rudimentaires de survivre, de quoi se débrouiller tous seuls sans contact avec eux. La Bible a conservé ici une phrase à peu près intacte du document originel.

« Voici que l'homme est devenu comme l'un de nous, grâce à la - science (...). Maintenant il faut éviter qu'il étende sa main, prenne aussi de l'arbre de vie, en mange et vive à jamais ». (Genèse, III-22)

La vie des hommes est très courte et il existe un moyen scientifique de la prolonger très longtemps. Un savant qui étudie toute sa vie commence à posséder suffisamment de connaissances pour faire des découvertes intéressantes quand il devient vieux, d'où la lenteur des progrès humains. Si les hommes pouvaient vivre dix fois plus longtemps, ils feraient un bond scientifique gigantesque. Si dès le départ, ils avaient pu vivre si longtemps, ils auraient très vite été nos égaux, car leurs facultés sont légèrement supérieures aux nôtres. Ils ignorent leurs possibilités. Et surtout le peuple d'Israël, qui fut lors d'un de ces concours dont je vous parlais précédemment, élu par le jury scientifique comme le type humanoïde terrestre le plus réussi sur le plan intelligence et génie. Ce qui explique que ce peuple s'est toujours considéré comme le peuple élu de Dieu. C'est vrai, il a été le peuple élu par les équipes de créateurs rassemblés pour juger de leurs travaux. Vous avez d'ailleurs pu constater le nombre de génies que cette race a enfanté.

« Il chassa l'homme et il installa à l'orient du jardin

d'Eden les Chérubins et la flamme tournoyante de l'épée pour garder la route de l'arbre de vie ». (Genèse, III-24)

Des militaires possédant des armes atomiques désinté- grantes furent placés à l'entrée de la résidence des créateurs afin d'empêcher l'homme de venir dérober d'autres connais- sances scientifiques.

Le Déluge

Si nous sautons plus loin, dans la Genèse IV : « Il advint (...) que Caïn apporta des fruits du sol (...) à Iahvé. Abel, de son côté, apporta les premiers-nés de son petit bétail ». (Genèse, IV, 3-4)

Les créateurs exilés, qui restaient sous surveillance militaire, poussèrent les hommes à leur amener de la nourriture afin de montrer à leurs supérieurs que les êtres qu'ils avaient créés étaient bons et ne se retourneraient jamais contre leurs pères.

Ils obtinrent ainsi qu'on fasse bénéficier les chefs de ces premiers hommes de « l'arbre de vie », ce qui explique que ceux-ci vécurent si longtemps : Adam neuf cent trente ans, Seth neuf cent douze ans, Énosh neuf cent cinq ans, etc. (en Genèse, V, 1-11)

« Quand les hommes commencèrent à se multiplier à la surface du sol et que des filles leur naquirent, il advint que les fils d'Elohim s'aperçurent que les filles des hommes étaient belles. Ils prirent donc pour eux des femmes parmi toutes celles qu'ils avaient élues ». (Genèse, VI, 1-2)

Les créateurs en exil prirent aux hommes leurs filles les plus belles et en firent leurs femmes.

« Mon esprit ne restera pas toujours dans l'homme, car il est encore chair. Ses jours seront de cent vingt ans ». (Genèse, VI-3)

La longévité n'est pas héréditaire et les enfants des hommes ne bénéficiaient pas automatiquement de «l'arbre de vie», au grand soulagement des autorités de la planète lointaine. Ainsi le secret fut perdu et les progrès des hommes ralentis.

«(...) quand les fils d'Elohim venaient vers les filles des hommes et qu'elles enfantaient d'eux, c'étaient les héros qui furent jadis des hommes de renom». (Genèse, VI-4)

Vous avez là, la preuve que les créateurs pouvaient s'accoupler avec les filles des hommes qu'ils avaient créés à leur image et en avoir des enfants exceptionnels. Tout cela devenait dangereux aux yeux de la planète lointaine. Le progrès scientifique était énorme sur Terre et ils décidèrent de supprimer leur création.

«Iahvé vit que la malice de l'homme sur la terre était grande et que tout l'objet des pensées de son cœur n'était toujours que le mal». (Genèse, VI-5)

Le mal, c'est-à-dire le désir de devenir un peuple égal à ses créateurs, un peuple scientifique et indépendant. Le bien pour eux était que l'homme demeure un être primitif végétant sur la Terre. Le mal était qu'il veuille faire des progrès, risquant un jour d'être en mesure de rejoindre ses créateurs.

Ils décidèrent donc, de leur lointaine planète, de détruire toute vie sur la Terre en envoyant des missiles nucléaires. Mais les exilés, prévenus de la chose, avaient demandé à Noé de construire une fusée qui devait tourner autour de la Terre durant le cataclysme, contenant un couple de chaque espèce à sauvegarder. Ceci est une image. En réalité, et vos connaissances scientifiques vous permettront bientôt de le comprendre, il suffit d'avoir une cellule vivante de chaque espèce, mâle et femelle, pour reconstituer ensuite l'être tout entier. Un peu comme la première cellule vivante d'un être dans le ventre de sa mère, possède déjà toutes les informations pour faire un jour un homme, jusqu'à la couleur de ses yeux ou de ses cheveux. Ce fut un travail colossal mais qui fut achevé à temps. Lorsque l'explosion eut lieu, la vie était préservée à quelques milliers de kilomètres au-dessus de la Terre. Le continent fut immergé par un immense raz-de-marée qui détruisit toute vie à sa surface.

« (...) l'arche (...) s'éleva au-dessus de la terre ». (Genèse, VII-17)

Vous pouvez constater qu'il est bien dit qu'elle s'éleva au-dessus de la Terre et non pas sur les eaux. Ensuite il fallut attendre qu'il n'y ait plus de retombées dangereuses.

« (...) les eaux grandirent au-dessus de la terre durant cent cinquante jours ». (Genèse, VII-24)

Et la fusée à trois étages (« tu la disposeras en étages, l'inférieur, le second et le troisième ») se posa sur la Terre. Il y avait à l'intérieur outre Noé, un couple de chaque race humaine de la Terre.

« Elohim se souvint de Noé (...) (et) fit passer un vent sur la terre et les eaux s'apaisèrent ». (Genèse, VIII-1)

Après avoir surveillé la radio-activité et fait disparaître celle-ci scientifiquement, les créateurs demandèrent à Noé de laisser sortir des animaux pour voir s'ils supportaient l'atmosphère, ce qui fut une réussite. Ils purent alors sortir à l'air libre. Les créateurs leur demandèrent de travailler et de se multiplier en montrant leur reconnaissance à leurs bienfaiteurs, qui les avaient créés et sauvés de la destruction. Noé s'engagea à verser une part de toutes les récoltes ou élevages aux créateurs pour leur subsistance.

« Noé bâtit un autel à Iahvé, il prit de toutes les bêtes pures et de tous les oiseaux purs, il fit monter les holocaustes sur l'autel ». (Genèse, VIII-20)

Les créateurs furent heureux de voir que les hommes leur voulaient du bien et promirent de ne jamais essayer de les détruire à l'avenir, car ils avaient compris qu'il était normal qu'ils veuillent faire des progrès.

« (...) l'objet du cœur de l'homme est le mal ». (Genèse, VIII-21)

Le but de l'homme est le progrès scientifique. Chaque race humaine fut replacée en son lieu de création et chaque animal fut recréé à partir de la cellule préservée dans l'arche.

« D'elles ont essaimé les nations sur la terre après le Déluge «. (Genèse, X-32)

La Tour de Babel

Mais le peuple le plus intelligent, le peuple d'Israël faisait de tels progrès qu'il entreprit bientôt de se lancer dans la conquête de l'espace, aidé par les créateurs exilés. Ces derniers voulaient que les hommes aillent sur la planète des créateurs afin d'obtenir leur pardon en montrant que les hommes étaient intelligents et scientifiques mais reconnaissants et pacifiques. Ils construisirent donc une immense fusée : la Tour de Babel.

« S'ils commencent à faire cela, rien désormais ne leur sera impossible de tout ce qu'ils décideront de faire ». (Genèse, XI-6)

Les gens de la planète eurent peur en apprenant la chose. Ils observaient toujours la terre et s'étaient aperçus que la vie n'avait pas été détruite.

(...) descendons et (...) confondons leur langage, en sorte qu'ils ne comprennent plus le langage les uns des autres ». Puis Iahvé les dispersa de là sur la surface de toute la terre (...) ». (Genèse, XI, 7-8.)

Ils vinrent, prirent les Juifs qui avaient le plus de connaissances scientifiques et les dispersèrent sur tout le continent, dans des peuplades primitives, dans des pays où aucun ne pouvait se faire comprendre car le langage y était différent et ils détruisirent les appareillages scientifiques.

Sodome et Gomorrhe

Les créateurs exilés furent pardonnés et eurent le droit de revenir sur leur planète d'origine où ils plaidèrent la cause de leur magnifique création. Ce qui fait que toute la lointaine planète commença à couver des yeux la Terre qui portait des êtres créés par elle. Mais quelques hommes avaient l'esprit de vengeance parmi ceux qui avaient été dispersés et, s'étant réunis et ayant pu sauver quelques secrets scientifiques, préparaient dans les villes de Sodome et Gomorrhe une expédition pour punir ceux qui avaient voulu les détruire. Les créateurs envoyèrent deux espions pour voir ce qui se préparait.

«Les deux Anges arrivèrent le soir à Sodome». (Genèse, XIX-1)

Des hommes voulurent les tuer mais ils les aveuglèrent avec une arme atomique de poche.

«Ils les frappèrent de cécité, du plus petit au plus grand.» (Genèse, XIX-11)

Ils prévinrent les hommes qui étaient pacifiques de quitter cette ville qu'ils allaient détruire par une explosion atomique. » (...) sortez de cette localité, car Iahvé va détruire la ville». (Genèse, XIX-14)

Quand tous les hommes sortaient de la ville, ils ne se pressaient pas, ne se doutant pas de ce que représentait une explosion atomique.

«Sauve-toi, (...) ne regarde pas derrière toi et ne t'arrête pas». (Genèse, XIX-17) Et la bombe tomba sur Sodome et Gomorrhe.

«Iahvé fit pleuvoir (...) du soufre et du feu provenant de Iahvé, des cieux. Il anéantit ces villes (...) et les germes du sol. La femme de Loth regarda en arrière et elle devint une statue de sel». (Genèse, XIX, 24-26)

Comme vous le savez maintenant, la brûlure occasionnée par une explosion atomique à ceux qui sont proches les fait mourir en les faisant ressembler à une statue de sel.

Raël, photographié au milieu des années 1970, sur le site de la première rencontre au Puy de Lassolas, avec les vêtements qu'il portait le 13 décembre de 1973.

Le Sacrifice d'Abraham

Les créateurs voulurent plus tard voir si le peuple d'Israël et surtout son chef éprouvaient toujours de bons sentiments pour eux dans l'état semi- primitif où ils étaient retombés, la majorité des «cerveaux» ayant été détruite. C'est ce que raconte le paragraphe où Abraham veut sacrifier son fils. Les créateurs le mirent à l'épreuve pour voir si ses sentiments à leur égard étaient suffisamment forts. L'expérience fut heureusement concluante.

«N'étends pas la main sur le garçon et ne lui fais rien, car maintenant je sais que tu crains Elohim (...)» (Genèse, XXII-12)

Voilà. Ce que je viens de dire, assimilez-le et écrivez-le. Je vous en dirai plus demain».

Le petit homme prit à nouveau congé de moi et l'appareil s'éleva doucement. Mais comme le ciel était plus clair, je pus assister à son envol d'une façon complète. Il s'immobilisa à 400 mètres environ et, toujours sans un bruit, devint rouge comme chauffé, puis blanc comme un métal chauffé à blanc, puis bleu violet comme une énorme étincelle impossible à regarder et disparut complètement.

Raël, photographié au milieu des années 1970, sur le site de la première rencontre au Puy de Lassolas, avec les vêtements qu'il portait le 13 décembre de 1973.

Chapitre 3

LA SURVEILLANCE DES ÉLUS

MOÏSE

LES TROMPETTES DE JÉRICHO

SAMSON LE TÉLÉPATHE

LA PREMIÈRE RÉSIDENCE POUR L'ACCUEIL DES ELOHIM

ELIE LE MESSAGER

LA MULTIPLICATION DES PAINS

LES SOUCOUPES VOLANTES D'ÉZÉCHIEL

LE JUGEMENT DERNIER

SATAN

LES HOMMES NE POUVAIENT PAS COMPRENDRE

Moïse

Le lendemain je retrouvais mon interlocuteur, et il continua son récit : Dans la Genèse, XXVIII, se trouve une autre description de notre présence.

« Une échelle était dressée par terre, sa tête touchant aux cieux, et voici que des Anges d'Elohim montaient et descendaient sur elle ». (Genèse, XXVIII-12)

Mais les hommes, retombés dans un état très primitif après la destruction des plus intelligents et des centres de progrès comme Sodome et Gomorrhe, se mettaient à adorer bêtement des morceaux de pierre et des idoles en oubliant qui les avait créés.

« Enlevez les dieux étrangers qui sont au milieu de vous (...) ». (Genèse, XXXV-2)

Dans l'Exode nous apparaissons à Moïse :

« L'Ange de Iahvé lui apparut dans une flamme de feu, du milieu d'un buisson (...) le buisson était embrasé par le feu, mais il n'était pas dévoré ! » (Exode, III-2)

Une fusée se posa devant lui et la description qu'il fait correspond à celle que ferait aujourd'hui un primitif du Brésil si nous nous y posions, dans cet engin dont la lumière blanche éclaire dans les arbres sans les faire brûler pour autant... Le peuple élu comme le peuple le plus intelligent avait été décapité de ses esprits les plus brillants et était devenu l'esclave des peuples primitifs avoisinants qui étaient beaucoup plus nombreux car ils n'avaient pas subi de grandes destructions. Il fallait donc redonner sa dignité à ce peuple en lui redonnant son pays.

L'Exode décrit, au début, tout ce que nous avons dû faire pour que le peuple d'Israël soit libéré. Lorsqu'ils partirent, nous les guidâmes jusqu'au pays que nous leur destinions.

« Or Iahvé marchait au-devant d'eux, le jour en colonne de nuée pour les guider sur la route, et la nuit en colonne de feu pour les éclairer en sorte qu'ils marchent jour et nuit». (Exode, XIII-21)

Pour ralentir la marche des Egyptiens lancés à leur poursuite :

« La colonne de nuée se déplaça de devant eux et se tint derrière eux (...) la nuée était (pour les uns) ténèbres, et (pour les autres) elle éclairait la nuit». (Exode, XIV-19)

La fumée émise derrière le peuple d'Israël faisait un rideau qui ralentissait les poursuivants.

Ensuite la traversée de l'eau est obtenue grâce à un rayon répulseur qui permet de dégager un passage.

«(...) il mit ainsi la mer à sec et les eaux se fendirent». (Exode, XIV-21)».

« En ce jour Iahvé sauva Israël (...)» (Exode, XIV-30)

Puis à travers le désert la faim se fit sentir dans le peuple élu :

«(...) à la surface du désert il y eut une mince croûte (...)» (Exode, XVI-14)

La manne n'était qu'un aliment chimique de synthèse pulvérisé à la surface du sol et que la rosée du matin faisait gonfler.

Quant au bâton de Moïse qui lui permit «de faire jaillir de l'eau» (Exode, XVII-6), ce n'était qu'un détecteur de nappes aquatiques souterraines semblable à ceux que vous utilisez actuellement pour trouver du pétrole par exemple. Une fois l'eau localisée, il suffit de creuser.

Ensuite, au chapitre XIX de l'Exode, il est énoncé un certain nombre de règles. Le peuple d'Israël, étant donné son niveau primitif, avait besoin de lois sur le plan moral et surtout sur le plan hygiénique. Elles sont énoncées dans les commandements. Les créateurs vinrent dicter ces lois à Moïse sur le Mont Sinaï. Ils descendirent dans un engin volant :

«(...) il y eut des tonnerres, des éclairs et une lourde nuée sur la montagne, un son de cor très fort (...)» (Exode, XIX-16)

«Or le Mont Sinaï était tout fumant, parce que sur lui était descendu Iahvé dans le feu, et sa fumée montait comme la fumée d'une fournaise : toute la montagne tremblait fort. Le son du cor allait en se renforçant de plus en plus, (...)». (Exode, XIX, 18-19)

Mais les créateurs eurent peur d'être envahis ou bousculés par les hommes, il fallait qu'ils soient respectés, vénérés même, afin de n'être pas en danger.

«Le peuple ne pourra monter au Mont Sinaï (...) que les prêtres et le peuple ne se ruent pas pour monter vers Iahvé, de peur qu'il ne les abatte». (Exode, XIX, 23-24)

«Moïse s'avancera seul vers Iahvé, mais les anciens d'Israël ne s'avanceront pas et le peuple ne montera pas avec lui!». (Exode, XXIV-2)

«Ils virent le Dieu d'Israël. Sous ses pieds il y avait comme un ouvrage en plaque de saphir et d'une pureté pareille à la substance des cieux». (Exode, XXIV-10)

Vous avez là une description du piédestal sur lequel un des créateurs se montra et qui était fait du même alliage bleuté que le plancher de l'engin où nous sommes actuellement.

«(...) l'aspect de la gloire de Iahvé était comme un feu dévorant au som- met de la montagne (...)». (Exode, XXIV-17)

Vous avez là la description de la «gloire», l'engin volant en réalité, des créateurs et comme vous avez pu le remarquer, au moment du départ il prend une coloration semblable à celle d'un feu.

Cette équipe de créateurs allait résider quelque temps sur la Terre et avait envie de nourriture fraîche, voici pourquoi elle demanda que le peuple d'Israël lui en donne régulière-ment, ainsi que des richesses à ramener ensuite sur sa planète. C'était un peu de la colonisation si vous voulez.

«De tout homme (...) vous prendrez un prélèvement pour moi (...) or, argent et cuivre, pierres (précieuses), etc.». (Exode, XXV, 2-7)

Ils avaient également décidé de s'installer plus confortablement et demandèrent aux hommes de leur confectionner une résidence suivant leurs plans. C'est ce qui est dicté au chapitre XXVI de l'Exode. Dans cette résidence ils devaient rencontrer les représentants des hommes : c'est la tente du rendez- vous où les hommes apportaient nourriture et présents en gage de soumission.

« Il entrerait dans la tente du rendez-vous ».

« Dès que Moïse entrait dans la tente, la colonne de nuée descendait et s'ar- rêtait à l'entrée de la tente. Alors Il parlait avec Moïse ». (Exode, XXXIII-9)

« Alors Iahvé parlait à Moïse, face à face, comme parle un homme à son prochain... » (Exode, XXXIII-11)

Comme aujourd'hui je peux vous parler et vous pouvez me parler, d'homme à homme.

« Tu ne peux voir ma Face car l'homme ne peut me voir et vivre ! ». (Exode, XXXIII-20)

Vous avez là l'allusion à la différence d'atmosphère existant entre nos planètes. Un homme ne peut voir ses créateurs sans que ces derniers soient protégés par un scaphandre, l'atmosphère terrestre ne leur étant pas appropriée. Si l'homme venait sur notre planète, il y verrait les créateurs sans scaphandre mais il mourrait car l'atmosphère ne lui convient pas.

Tout le début du Lévitique explique comment les aliments offerts aux créateurs doivent être amenés pour leur ravitaillement. Par exemple en XXI, 17-18:

«Car tout homme qui a en lui une tare n'approchera pas pour offrir l'aliment de son Dieu».

Ceci, évidemment, afin d'éviter que des hommes malades ou difformes, symboles d'un échec et insupportables aux yeux des créateurs, ne se présentent devant eux.

Vous avez en Nombres, XI,7-8, la description très exacte de la manne que vos chimistes pourraient reconstituer.

«La manne était comme de la graine de coriandre et son aspect comme l'aspect du bdellium (...) son goût était comme le goût d'une friandise à l'huile».

Mais cette manne n'était qu'une nourriture chimique à laquelle les créateurs préféraient les fruits et légumes frais.

«Les primeurs de tout ce qui sera en leur pays et qu'ils apporteront à Iahvé». (Nombres, XVIII-13)

Plus loin les créateurs apprennent aux hommes à faire des piqûres contre les morsures de serpents.

«Fais-toi un serpent brûlant et place-le sur une hampe : quiconque aura été mordu et le verra, il vivra!» (Nombres, XXI-8)

Dès qu'un homme était mordu, il «regardait» le «serpent d'airain», on approchait de lui une seringue, et on lui faisait une piqûre de sérum.

Enfin, vient la fin du voyage qui mène le «peuple élu» en terre promise. Ils détruisent, sur les conseils des créateurs, les idoles des peuplades primitives et occupent leurs territoires.

« Vous détruirez toutes leurs statues de métal fondu (...) vous posséderez le pays ». (Nombres, XXXIII, 52-53)

Le peuple élu avait enfin son pays promis :

« Parce qu'il a aimé tes pères, il a choisi leur race après eux (...) » (Deutéronome, IV-37)

Pour la traversée du Jourdain, dans Josué, III, 15-16 :

« (...) dès que les porteurs de l'arche furent arrivés (...) les eaux qui descendent d'en haut s'arrêtèrent, elles se figèrent en un seul bloc à une très grande distance (...) les eaux furent entièrement coupées et le peuple traversa (...) »

Les créateurs firent passer le « peuple élu » à pied sec, comme lors de la fuite devant les Egyptiens, en utilisant le même rayon répulseur.

Les trompettes de Jéricho

A la fin de Josué, V, il y a un contact entre un militaire-créateur et le peuple élu devant la résistance d'une ville : Jéricho.

« ... je suis le chef de l'armée de Iahvé, je viens d'arriver ! ». (Josué, V-14)

Pour le siège de Jéricho, un conseiller militaire est envoyé au peuple juif. Vous allez comprendre très facilement comment les murailles se sont effondrées. Vous savez qu'une cantatrice à la voix très aiguë peut faire se fendre un verre en cristal. Eh bien, en utilisant les ultra-sons très amplifiés, on peut faire s'écrouler n'importe quelle muraille en béton. C'est ce qui fut fait grâce à un instrument très compliqué que la Bible nomme « trompette ».

« Lorsqu'on traînera (sur la note) de la corne de bélier, dès que vous entendrez le son de la trompette (...) la muraille de la ville tombera ». (Josué, VI-5)

A un moment précis, les ultra-sons sont émis d'une façon synchronisée et la muraille s'effondre.

Un peu plus tard, c'est un véritable bombardement qui est effectué :

« Iahvé lança des cieux contre eux de grandes pierres (...). Ceux qui moururent par les pierres de grêle furent plus nombreux que ceux que les fils d'Israël tuèrent par l'épée ». (Josué, X-11)

Un bombardement en règle qui tua plus de gens que les armes blanches du peuple d'Israël.

Un des passages les plus déformés est celui où il est dit, toujours en Josué, (X-13) :

« Le soleil s'arrêta et la lune stationna, jusqu'à ce que la nation se fût vengée de ses ennemis ».

Ce qui veut tout simplement dire que la guerre fut une guerre éclair qui ne dura qu'une journée puisqu'il est dit plus loin qu'elle dura « presque un jour entier ». Cette guerre fut si courte par rapport à l'importance du terrain conquis que les hommes crurent que le soleil s'était arrêté...

Dans Juges, VI, un des créateurs se trouve encore au contact d'un homme nommé Gédéon qui lui remet de la nourriture.

« (...) l'Ange de Iahvé tendit le bout de la canne qui était dans sa main et toucha la viande et les azymes. Alors le feu monta de la roche, dévora la viande et les azymes ; puis l'Ange de Iahvé disparut (...) ». (Juges, VI-21.)

Grâce à un moyen scientifique, les créateurs, qui ne peuvent pas « manger » à l'air libre à cause de leurs scaphandres, peuvent en cas de besoin se servir des « offrandes » diverses pour en extraire l'essentiel qui, au moyen d'un tuyau flexible, une « canne », parvient à les alimenter. Cette opération dégage des flammes qui font croire aux hommes de cette époque qu'il s'agit de « sacrifices à Dieu ».

Dans Juges, VII, les 300 hommes qui encerclent un camp

ennemi avec des « trompettes » et sonnent tous ensemble pour rendre fous les hommes, se servent d'instruments émettant des ultra-sons très amplifiés. Vous savez maintenant que certains sons poussés à l'extrême peuvent rendre fou n'importe quel homme. Effectivement, le peuple encerclé devient fou, les soldats s'entretuent et prennent la fuite.

Samson le télépathe

Quant aux accouplements entre les créateurs et les femmes des hommes vous en avez encore un exemple en Juges, XIII :

« L'Ange de Iahvé apparut à la femme et lui dit : « voici donc que tu es stérile (...). Mais tu vas concevoir et enfanter un fils ». (Juges, XIII-3) Il était nécessaire que le fruit de cette union soit sain afin d'observer son comportement, c'est pourquoi il lui dit :

« Garde-toi bien de boire du vin et de la boisson enivrante, (...) car voici que tu vas (...) enfanter un fils.

Le rasoir ne passera pas sur sa tête, car le garçon sera, dès le sein maternel, (voué) à Dieu ». (Juges, XIII, 4-5)

« (...) l'Ange d'Elohim vint encore vers la femme, alors (...) que (...) son mari n'était pas avec elle ». (Juges, XIII-9)

Vous imaginez facilement ce qui a pu se passer en l'absence du mari... Il était facile aux scientifiques de supprimer la stérilité de cette femme afin qu'elle se rende bien compte qu'elle mettait au monde un être exceptionnel et qu'elle en prenne le plus grand soin. Le fait pour les créateurs de s'accoupler à une fille des hommes était magnifique. Il leur permettait d'avoir des fils régnant directement sur la Terre, dans cette atmosphère qui ne leur convenait pas.

En ce qui concerne le fait de ne pas raser les cheveux, ceci est très important. Le cerveau de l'homme est comme un gros émetteur capable d'envoyer une multitude d'ondes et de pensées très nettes. La télépathie n'est en fait rien d'autre. Mais cette espèce d'émetteur a besoin d'antennes. Les antennes, ce sont les cheveux et la barbe. D'où l'importance de ne pas raser le système pileux d'un être qui aura à s'en servir. Vous avez sûrement remarqué que beaucoup de vos savants avaient des cheveux très longs et souvent une barbe; les prophètes et les sages également. Vous comprenez mieux pourquoi maintenant.

Cet enfant naquit: c'était Samson dont vous connaissez l'histoire. Il pouvait communiquer avec «Dieu» directement par télépathie grâce à ses «antennes» naturelles: ses cheveux. Et les créateurs pouvaient alors lui venir en aide dans les moments difficiles ou pour faire des prodiges renforçant son autorité. Mais quand Dalila lui eut coupé les cheveux, il ne put plus appeler à l'aide. Il eut alors les yeux crevés par ses ennemis, mais quand ses cheveux eurent repoussé, il retrouva sa «force», c'est-à-dire qu'il put appeler à l'aide les créateurs qui firent s'abattre le temple dont il touchait les colonnes. On attribua cela à la «force» de Samson...

Dans I Samuel, III, vous avez une véritable initiation à la télépathie de Eli sur Samuel: les créateurs cherchent à entrer en rapport avec Samuel et ce dernier croit que c'est Eli qui lui parle. Il «entend des voix»:

«Va te coucher et, si l'on t'appelle, tu diras: Parle, Iahvé, car ton serviteur écoute». (I Samuel, III-9)

Un peu comme des radio-amateurs dont l'un dirait: parlez, je vous entends cinq sur cinq. Et la conversation télépathique s'engage:

« Samuel, Samuel ! »

« (...) Parle, Iahvé, car ton serviteur écoute. » (I Samuel, III-10, 9)

Dans l'épisode de David contre Goliath vous avez encore une petite phrase intéressante :

« Qui (...) insulte les troupes du Dieu vivant ? » (I Samuel, XII-26)

Ce qui montre bien la réalité de la présence à cette époque d'un « Dieu » tout à fait palpable...

La télépathie comme moyen de communication entre les créateurs et les hommes n'était possible que quand les Elohim étaient à proximité de la Terre.

Quand ils étaient sur leur lointaine planète ou ailleurs, ils ne pouvaient correspondre grâce à ce moyen. C'est pourquoi ils installèrent un émetteur- récepteur qui était transporté dans l' »arche de Dieu », émetteur-récepteur qui possédait sa propre pile atomique. C'est pourquoi dans I Samuel, V, 1-5, quand les Phillistins volèrent l'arche de Dieu, leur idole, Dagon, gisait face contre terre devant l'arche de Iahvé, consécutivement à une décharge électrique occasionnée par une mauvaise manipulation. D'autre part les radiations dangereuses des produits radio-actifs leur occasionnèrent des brûlures.

« Il les affligea de bubons ». (I Samuel, V-6)

Même les Juifs qui ne prenaient pas de précautions en manipulant l' »arche de Dieu » étaient touchés :

«Ouzza étendit (la main) vers l'Arche de Dieu qu'il retint, parce que les bœufs se relâchaient. La colère de Iahvé s'enflamma contre Ouzza et Dieu le frappa là pour cette erreur : il mourut là près de l'Arche de Dieu». (II Samuel, VI, 6-7)

L'arche avait failli se renverser et Ouzza, essayant de la retenir, avait touché une partie dangereuse de l'appareil. Il avait été électrocuté.

Dans I Rois, il est dit plusieurs fois : «Il saisit les cornes de l'Autel». (I Rois, I-50 ; I Rois, II-28...), ce qui est la description de la manipulation des manettes de l'émetteur-récepteur pour essayer de rentrer en rapport avec les créateurs.

La première résidence
pour l'accueil des Elohim

Le grand roi Salomon fit construire sur la Terre une résidence somptueuse pour accueillir les créateurs quand ils venaient en visite.

« Iahvé a dit qu'il réside dans un nuage. J'ai donc bâti vraiment une Maison pour ta demeure ». (I Rois, VIII, 12-13)

« La gloire de Iahvé avait rempli la maison de Iahvé ». (I Rois, VIII-11) « La nuée remplit la maison de Iahvé ». (I Rois, VIII-10)

« J'y résiderai au milieu des fils d'Israël ». (I Rois, VI-13)

Qu'il réside dans un nuage, c'est-à-dire dans un engin en orbite autour de la Terre, au-dessus des nuages... mais allez donc faire comprendre cela à des primitifs.

« (...) par ordre de Iahvé, un homme de Dieu arriva de Juda à Béthel (...) il dit (...) voici que l'autel va se fendre (...) Jéroboam étendit sa main (...) en disant : « Saisissez-le ! » mais la main qu'il avait étendue (...) se dessécha et il ne put la ramener à lui, l'autel se fendit (...) » (I Rois, XIII, 1-5)

Grâce à un désintégrateur atomique, un des créateurs détruit l'autel et brûle la main d'un des hommes qui ne respectaient pas les créateurs. Il repart vers l'un des camps terrestres des Elohim par un chemin différent afin que les hommes ne puissent les découvrir :

«Tu ne reviendras pas par le chemin» par où tu seras allé. (...) Il s'en alla donc par un autre chemin. (I Rois, XIII, 9-10)

Un exemple de téléguidage des animaux par électrode, comme vous commencez à le découvrir, est donné en I Rois, XVII-6 :

«Et les corbeaux lui apportaient du pain et de la viande le matin (...) et (...) le soir».

Les créateurs, qui ont décidé d'apparaître le moins souvent possible en raison de récentes découvertes et de ne pas trop influencer la destinée de l'homme afin de voir si il parviendra, seul, à l'ère scientifique, se servent de plus en plus de moyens discrets de communication avec les hommes, comme cette façon de ravitailler Elie par des «corbeaux voyageurs». C'est le début d'une gigantesque expérience à l'échelle galactique entre plusieurs humanités en compétition. Les créateurs décident de se montrer moins, tout en renforçant l'autorité et la renommée de leurs ambassadeurs, les prophètes, par la réalisation
de «miracles». C'est-à-dire l'utilisation de moyens scientifiques incompréhensibles à l'époque.

«Vois! Ton fils est vivant». (I Rois, XVII-23)

«A présent je sais que tu es un homme de Dieu (...)» (Rois, XVII-24). Elie avait soigné et guéri un jeune enfant mourant. Il fait ensuite mettre au Mont Carmel deux taurillons sur des bûchers : l'un consacré à une idole, Baal, l'autre aux créateurs. Celui qui s'allumera tout seul représentera le seul vrai «Dieu» à avoir. Évidemment, au moment convenu à l'avance entre Elie et les créateurs, le bûcher qui leur était destiné s'alluma, même inondé, grâce à un puissant rayon se rapprochant du laser et émis d'un vaisseau caché dans les nuages.

«Et le feu de Iahvé tomba, il dévora l'holocauste et le bois, les pierres et la poussière, puis il lampa l'eau qui était dans la rigole». (I Rois, XVIII-38)

Elie le messager

Elie fut l'objet de soins empressés de la part des créateurs.

«(...) un Ange le toucha et lui dit «Lève-toi, mange!». (...) à son chevet il y avait une galette (...) et une jarre d'eau.» Ceci se passe en plein désert... (I Rois, XIX, 5-6)

«Et voici que Iahvé passe. Un vent très fort secoue les montagnes et brise les rochers par devant Iahvé; mais Iahvé n'est pas dans le vent. Et après le vent, un tremblement de terre (...) Et après le tremblement de terre, un feu; mais Iahvé n'est pas dans le feu. Et après le feu, le son d'une brise légère». (I Rois, XIX, 11-12)

Vous avez là, la description exacte de l'atterrissage d'un engin comparable à vos fusées actuelles. Plus loin, il décrit la vision des créateurs.

«J'ai vu Iahvé siégeant sur son trône et toute l'armée des cieux se tenant près de lui (...)». (I Rois, XXII-19)

Les créateurs font encore usage de la télépathie, mais d'une télépathie de groupe, pour qu'aucun des prophètes ne prédise la vérité au roi.

«(...) je deviendrai un esprit de mensonge dans la bouche de tous ses prophètes». (I Rois, XXII-22)

En II Rois, I-12 vous avez encore la preuve de la protection que les créateurs accordent à Elie:

«Si je suis un homme de Dieu, que le feu descende des cieux et qu'il te dévore, toi et tes cinquante hommes» et le feu de Dieu descendit des cieux ; il le dévora, lui et ses cinquante hommes»

Cette opération se reproduisit encore mais la troisième fois :

«(...) l'Ange de Iahvé dit à Elie : «Descends avec lui, ne crains rien de sa part ! » (II Rois, I-15)

Dans II Rois, II Elie est l'invité des créateurs dans un vaisseau spatial qui décolle et l'emmène.

«Quand Iahvé fit monter Elie aux cieux dans un tourbillon (...)». (II Rois, II-1)

«(...) voici qu'un char de feu et des chevaux de feu s'interposèrent entre eux deux (entre Elie et Elisée) : Elie monta aux cieux dans le tourbillon». (II Rois, II-11)

C'est le décollage d'un engin volant et le feu des tuyères fait que le narrateur parle de chevaux de feu. Si aujourd'hui vous prenez des primitifs d'Amérique du Sud ou d'Afrique noire et que vous les faites assister au décollage d'une fusée, ils parlent de char de feu et de chevaux de feu en revenant dans leurs tribus, incapables de comprendre, même en gros, les phénomènes scientifiques d'une façon rationnelle et voyant en cela du surnaturel, du mystique et du Divin.

Plus loin (II Rois, IV, 32-37) Elisée, comme son père, procède à une «résurrection». Il soigne et ramène à la vie un enfant mort. Chose très courante actuellement où l'on fait le

bouche à bouche et les massages du cœur régulièrement pour
ramener à la vie un être dont le muscle cardiaque s'est arrêté.

Elisée procède ensuite à la multiplication des pains.

La multiplication des pains

«Un homme (...) apporta à l'homme de Dieu (...) vingt pains d'orge (...). Mais son serviteur dit : «Comment servirai-je cela à cent personnes?» «On en mangera et il en restera». Il les servit, ils en mangèrent et laissèrent des restes, suivant la parole de Iahvé». (II Rois, IV, 42-44)

Les créateurs apportent ici un aliment synthétique et dés-hydraté, qui, ajouté d'eau correspond à cinq fois plus de volume. Avec vingt petits «pains», il y a suffisamment de nourriture pour cent hommes. Déjà vous connaissez les petites pilules vitaminées dont se nourrissent vos premiers cosmonautes. Cela tient peu de place mais comporte tous les éléments nécessaires à la nutrition.

Dans une pilule il y a de quoi nourrir un homme, dans un volume équi- valent à un petit pain : cinq hommes, dans vingt petits pains il y a de quoi nourrir cent hommes.

Mais le peuple d'Israël adora des idoles en métal, fut anthropophage et devint complètement immoral, dégoûtant ceux qui l'avaient créé.

« (...) et Israël fut déporté loin de son sol (...)» (II Rois, XVII-23)

C'est là le début de la dispersion du peuple d'Israël dont la civilisation, au lieu de progresser, a été en constante régression contrairement à ses voisins qui en ont profité.

Dans le livre d'Isaïe, vous trouvez encore :

« L'année de la mort du roi Ozias, je vis Adonaï assis sur un trône élevé (...). Des séraphins se tenaient au-dessus de lui. Chacun avait six ailes, deux dont il couvrait sa face, deux dont il couvrait ses pieds et deux pour voler ». (Isaïe, VI, 1-2)

C'est là, la description des créateurs revêtus d'un scaphandre autonome muni de six petits réacteurs : deux dans le dos, deux aux mains et deux aux pieds, directionnels ceux-ci.

« Sur les montagnes, un bruit de tumulte ! Quelque chose comme un peuple nombreux ! Le bruit du vacarme des royaumes ! Les nations rassemblées ! Iahvé des armées passe en revue l'armée du combat. Ils viennent d'un pays lointain, des confins du ciel, Iahvé et les instruments de son courroux, pour détruire tout le pays ». (Isaïe, XIII, 4-5)

Toute la vérité est décrite ici. Il fallait lire entre les lignes et comprendre. « Ils viennent d'un pays lointain, des confins du ciel ». On ne pouvait être plus clair.

« C'est toi qui disais dans ton cœur: je monterai aux cieux, au-dessus des étoiles de Dieu ». (Isaïe, XIV-13)

Allusion aux savants disparus qui avaient acquis suffisamment de connaissances scientifiques pour entreprendre d'aller sur la planète des créateurs et furent détruits à Sodome et Gomorrhe. L'armée des cieux est décrite ici à cette époque, au moment où elle vient, avec les instruments de son courroux, pour détruire tout le pays. Ce sont les hommes de Sodome et Gomorrhe qui disaient :

«Je monterai sur les hauteurs de la Nuée, je m'égalerai au Très-Haut». (Isaïe, XIV-14)

Mais la destruction a empêché l'homme de s'égaler aux créateurs, «au Très-Haut». «Il a mis le monde à l'état de désert (...)». (Isaïe, XIV-17)

L'explosion nucléaire est décrite plus loin :

«La clameur a encerclé le territoire de Moab, son écho va jusqu'à Eglaïm, son écho va jusqu'à Beër Eylim. Les eaux de Dimôn sont pleines de sang !». (Isaïe, XV, 8-9)

Certains furent pourtant sauvés en s'abritant dans des « blockhaus».

«Va mon peuple, entre dans tes chambres et ferme tes deux battants sur toi ; cache-toi juste un instant, jusqu'à ce que le courroux soit passé». (Isaïe, XXVI-20)

Les soucoupes volantes d'Ezéchiel

Mais c'est dans Ezéchiel que se trouve la plus intéressante description d'un de nos engins volants :

« (...) une grande nuée avec un feu fulgurant et une clarté autour, tandis qu'au milieu il y avait comme le scintillement du vermeil (...). Et au milieu, la forme de quatre êtres dont l'aspect était le suivant : ils avaient une forme humaine. Chacun avait quatre faces et chacun avait quatre ailes. Quant à leurs jambes : la jambe était droite et la plante de leurs pieds était comme la plante de la patte du veau et brillait comme le scintillement de l'airain poli. Sous leurs ailes et sur leurs quatre côtés il y avait des mains d'homme. Leurs ailes à tous les quatre se rejoignaient l'une l'autre. Leurs faces ne se tournaient pas quand ils avançaient : chacun allait selon l'orientation de ses faces. Quant à la forme de leurs faces, c'était une face d'homme, puis une face de lion, sur la droite des quatre, puis une face de taureau, sur la gauche des quatre et une face d'aigle pour les quatre. Leurs ailes étaient déployées vers le haut ; chacun en avait deux, rejoignant chacune sa voisine, et deux couvrant son corps. Chacun allait selon l'orientation de sa face. Ils allaient là où l'esprit devait aller. Ils ne se tournaient pas en marchant. Entre les êtres la vision était comme des braises incandescentes, c'était comme la vision des torches ; cela se déplaçait entre les êtres ; le feu avait de l'éclat et du feu sortait la foudre. Les êtres allaient et revenaient en courant, vision pareille à la foudre ». (Ezéchiel, I, 4-14)

« Je regardai alors les êtres et voici qu'il y avait une roue à terre, à côté des quatre êtres ». (Ezéchiel, I-15)

«L'aspect des roues était comme le scintillement de la chrysolite ; les quatre avaient la même forme ; leur aspect et leur fonctionnement étaient comme si une roue se trouvait au milieu de l'autre. Dans leur marche, elles allaient suivant leurs quatre côtés, elles ne pivotaient pas dans leur marche. Quant à leurs jantes - elles avaient de la hauteur et un aspect effrayant - (...) elles étaient couvertes d'yeux qui étaient autour de toutes les quatre. Quand les êtres avançaient, les roues avançaient à côté d'eux et quand les êtres s'élevaient de terre les roues s'élevaient. Là où l'esprit devait aller, ils allaient et les roues s'élevaient conjointement avec eux, car l'esprit des êtres était dans les roues. Quand ils avançaient, elles avançaient, quand ils s'arrêtaient, elles s'arrêtaient, quand ils s'élevaient au-dessus de la terre, les roues s'élevaient conjointement avec eux, car l'esprit des êtres était dans les roues ». (Ezéchiel, I, 16-21)

«Au-dessus de la tête des êtres était une sorte de plate-forme ; c'était comme l'éclat imposant du cristal ; elle s'étendait sur leurs têtes dans la partie supérieure. Sous la plate-forme leurs ailes étaient droites, l'une parallèlement à l'autre ; ils en avaient chacun deux qui leur couvraient le corps. J'entendis le bruit de leurs ailes, pareil, quand ils avançaient, au bruit des grandes eaux, pareil à la voix de Shaddaï ; bruit d'une multitude, comme le bruit d'un camp. Lorsqu'ils s'arrêtaient, il laissaient retomber leurs ailes. Il y avait du bruit au-dessus de la plate-forme qui était sur leurs têtes. Par-dessus la plate-forme qui était sur leurs têtes, c'était, pareille à l'aspect d'une pierre de saphir, la forme d'un trône et sur la forme de trône une forme pareille à l'aspect d'un homme (qui était) dessus, dans la partie supérieure ». (Ezéchiel, I, 22-26)

Voilà une description, on ne peut plus précise des créateurs descendus de leurs engins volants. La grande nuée, c'est la trace que laissent les avions à très haute altitude actuellement, apparaît ensuite l'engin et sa lampe clignotante, le « feu fulgurant » et le « scintillement du vermeil ». Quatre créateurs évoluent ensuite avec des combinaisons antigravitationnelles et de petits réacteurs directionnels. Des « ailes » sur leurs scaphandres métalliques : « leurs jambes... brillaient comme le scintillement de l'airain poli ». Vous avez pu remarquer que les combinaisons de vos cosmonautes sont très brillantes. Quand à la « soucoupe volante », la « roue », leur aspect et leur fonctionnement ne sont pas trop mal décrits sachant que c'est un primitif qui parle. Comme si une roue se trouvait au milieu de l'autre (...) elles ne pivotaient pas dans leur marche ». Au centre des « soucoupes volantes », très proches en aspect de celle où nous nous trouvons, est située la partie habitable : la « jante » : « quant à leurs jantes, elles étaient couvertes d'yeux qui étaient autour de toutes les quatre ». De même que nos tenues vestimentaires ont évolué et que nous ne portons plus maintenant de ces encombrants scaphandres, nos engins étaient munis de hublots, les « yeux » des « jantes », car nous n'avions pas encore trouvé le moyen de voir à travers les parois métalliques en modifiant leurs structures atomiques à volonté. Les « soucoupes volantes » restent près des créateurs, pour les aider en cas de besoin car ils sont en train de s'approvisionner en matières diverses et effectuer quelques manœuvres d'entretien du gros vaisseau intergalactique situé au-dessus d'eux. D'autres créateurs, à l'intérieur des engins, les dirigent : « (...) l'esprit des êtres était dans les roues. » (Ezéchiel, I-21) Évidemment. Le scaphandre est également décrit avec ses quatre hublots comparables à ceux de vos premiers scaphandres marins : « Chacun d'eux avait quatre faces. Leurs faces ne tournaient pas quand ils avançaient. » (Ezéchiel, I-9)

Les petites « soucoupes » sont un peu des « Lems » de service, de petits véhicules à faibles rayons d'action servant pour de courtes missions d'exploration. Plus haut attend le gros véhicule interplanétaire : « Au-dessus de la tête des êtres était une sorte de plate-forme ; c'était comme l'éclat imposant du cristal (...). Par-dessus la plate-forme qui était sur leurs têtes, c'était, pareil à l'aspect d'une pierre de saphir, la forme d'un trône et sur la forme de trône une forme pareille à l'aspect d'un homme dessus, dans la partie supérieure. » (Ezéchiel, I, 22 et 26) Ce dernier, sur le grand vaisseau, surveillait et coordonnait le travail des créateurs.

Ezéchiel, apeuré, s'est aplati face contre terre devant toutes ces choses tellement mystérieuses qu'elles ne peuvent provenir que de « Dieu » mais un des créateurs lui dit :

« Fils d'homme, tiens-toi sur tes jambes et je te parlerai (...) écoute ce que je vais te dire (...) et mange ce que je vais te donner ». (Ezéchiel, II, 1 et 8)

C'est une image semblable au fait de « manger » de l'arbre de la science du bien et du mal. Il s'agit en fait d'une « nourriture » intellectuelle. C'est d'ailleurs un livre qui est donné :

« (...) voici qu'une main était étendue vers moi et (...) il y avait dedans le rouleau d'un livre (...) il était rédigé sur la face et au revers ». (Ezéchiel, II, 9-10)

Il était écrit recto-verso, chose surprenante à lire, à l'époque où l'on n'écrivait que d'un côté des parchemins. Le rouleau est ensuite « mangé » ; c'est-à-dire qu'Ezéchiel en prend connaissance et ce qu'il apprend, ce que vous apprenez sur l'origine des hommes, est tellement excitant et réconfortant qu'il dit : « Je le mangeai donc et il fut dans ma bouche comme du miel pour la douceur ». (Ezéchiel, III-3)

Puis Ezéchiel est transporté par le vaisseau des créateurs jusqu'au lieu où il doit répandre la nouvelle :

« L'esprit m'avait soulevé ; il m'emporta (...) j'entendis derrière moi le bruit d'une grande rumeur ». (Ezéchiel, III, 14 et 12)

Plus loin, le « prophète » est encore emmené dans un engin volant :

« (...) l'esprit me souleva entre ciel et terre et m'amena à Jérusalem (...) ». (Ezéchiel, VIII-3)

Ezéchiel remarque ensuite que sous leurs « ailes », les « chérubins » ont des mains comme les hommes :

« Alors apparut, chez les chérubins, une forme de main humaine, sous leurs ailes ». (Ezéchiel, X-8)

« Les chérubins, lorsqu'ils partirent, dressèrent leurs ailes et s'élevèrent de terre, sous mes yeux, et les roues conjointement avec eux ». (Ezéchiel, X-19)

« L'esprit me souleva et m'emmena (...) ». (Ezéchiel, XI-1)

« La gloire de Iahvé s'éleva du milieu de la ville et s'arrêta sur la montagne qui est à l'orient de la ville. L'esprit me souleva et m'emmena en Chaldée (...) ». (Ezéchiel, XI, 23-24)

Autant de voyages pour Ezéchiel dans un des engins volants des créateurs.

« (...) Iahvé me fit sortir et me déposa au milieu de la vallée ». (Ezéchiel, XXXVII-1)

Là, un « miracle » va avoir lieu. Les créateurs vont ressusciter des hommes dont il ne reste que des ossements. Comme précédemment, dans chaque particule d'un être vivant, il y a toutes les informations nécessaires à la reconstitution de l'être tout entier. Il suffit de placer une de ces particules, pouvant provenir de débris osseux, dans un appareil qui fournit toute la matière vivante nécessaire à la reconstitution de l'être originel. La machine fournit la matière, la particule donne les informations, les plans suivant lesquels l'être doit être constitué. Comme un spermatozoïde possède toutes les informations pour créer un être vivant jusqu'à la couleur de ses cheveux ou de ses yeux.

« Fils d'homme, ces ossements peuvent-ils revivre ? (...) il y eut un bruit, et voilà que ce fut un branle-bas (...) il y avait sur (les ossements) des nerfs, de la chair croissait et il étendit sur eux de la peau par-dessus (...) ils prirent vie et se dressèrent sur leurs pieds, armée très, très nombreuse ». (Ezéchiel, XXXVII, 3, 7-8, 10)

Tout cela est très facile à réaliser et vous le ferez un jour. D'où l'utilité du rite très ancien de faire des sépultures le mieux protégées possible des grands hommes, qui pourront un jour être ainsi ramenés à la vie, et ce d'une manière perpétuelle. C'est une partie du secret de « l'arbre de vie » de l'éternité.

Ezéchiel est encore emmené par un engin volant qui le conduit près d'un homme revêtu d'un scaphandre, dans le chapitre XL :

« Il m'emmena (...) et me déposa sur une très haute montagne sur laquelle il y avait comme les constructions d'une ville, au midi (...) (il y avait) un homme dont l'aspect était comme l'aspect de l'airain ». (Ezéchiel, XL, 2-3)

Cette ville est une des bases terrestres qu'avaient les créateurs à cette époque, toujours sur de hautes montagnes afin de n'être pas importunés par les hommes. L'homme à l'aspect d'airain est bien sûr revêtu d'un scaphandre métallique... de même qu'en raison de notre petite taille on nous prend pour des enfants, des chérubins...

Les prêtres chargés du service des créateurs dans leur résidence terrestre, le « temple » que visite Ezéchiel, avaient des vêtements aseptiques pour faire leur service et ces vêtements devaient rester dans le « temple » pour ne pas risquer de ramener des germes dangereux pour les créateurs :

« Quand les prêtres sortiront, (...) ils laisseront là les vêtements avec lesquels ils officient, car (ces vêtements) sont saints ». (Ezéchiel, XLII-14)

Ils auraient dû écrire « car ces vêtements sont sains » SAINS. Subtilité incompréhensible pour des primitifs déifiant tout ce qui leur était dit ou montré.

Au chapitre XLIII, le grand vaisseau appelé respectueusement « gloire de Dieu » approche :

« Et voici que la gloire du Dieu d'Israël vint de la direction de l'Orient avec un bruit comme le bruit des grandes eaux et la terre resplendit de sa gloire ». (Ezéchiel, XLIII-2)

Seul le « prince » a le droit de venir s'entretenir avec les créateurs :

« Cette porte restera fermée, elle ne sera pas ouverte et personne n'y entrera, car Iahvé, Dieu d'Israël, y est entré : elle restera fermée ». (Ezéchiel, XLIV-2)

Ils ne voulaient pas être dérangés.

« Quant au prince, en tant que prince il pourra s'y asseoir pour manger son pain devant Iahvé ». (Ezéchiel, XLIV-3)

Mais le prince devait venir par un sas où il était aseptisé grâce à des rayons spéciaux :

« Il viendra par l'itinéraire du vestibule de la porte et sortira par le même chemin ». (Ezéchiel, XLIV-3)

Les « prêtres » lévites sont là pour assurer le service des créateurs :

« Ce sont eux qui s'approcheront de moi pour me servir et ils se tiendront devant moi pour m'offrir la graisse et le sang (...) ce sont eux qui s'approcheront de ma table pour me servir ». (Ezéchiel, XLIV, 15-16)

« Lorsqu'ils franchiront les portes du parvis intérieur ils revêtiront les habits de lin (...) ils ne se ceindront de rien qui fasse transpirer ». (Ezéchiel, XLIV, 17-18)

L'odeur de la transpiration des hommes de la Terre leur était très désagréable.

« Le meilleur des prémices de tout et (...) le meilleur de vos pâtes, vous le donnerez aux prêtres pour que la bénédiction repose sur vos maisons ». (Ezéchiel, XLIV, 30)

Le ravitaillement des créateurs en produits frais continuait ainsi.

Dans le troisième chapitre de Daniel, le roi Nabuchodonosor a condamné trois hommes à être jetés sur un bûcher pour n'avoir pas voulu adorer un Dieu de métal à la place des créateurs dont ils connaissaient l'existence. Mais les trois hommes sont sauvés par un des créateurs qui vient à leur secours dans le brasier, et qui, grâce à un rayon refoulant et réfrigérant, refoule la chaleur et les flammes d'autour d'eux et leur permet d'en sortir sans avoir souffert le moins du monde :

« Ah ! Je vois quatre hommes qui marchent librement au milieu de la fournaise et qui n'ont aucun mal, et l'aspect du quatrième ressemble à celui d'un fils des dieux ». (Daniel, III-25)

Plus loin, Daniel est précipité dans la fosse aux lions, mais ces derniers ne le touchent pas. Là, rien de très compliqué, seulement un petit rayon paralysant, le temps que l'on sorte Daniel de la fosse.

« Mon Dieu a envoyé son ange et a fermé la gueule des lions ». (Daniel, VI-23)

Dans le dixième chapitre de Daniel vous avez encore une description intéressante d'un créateur :

LA SURVEILLANCE DES ÉLUS

«Je levai les yeux et regardai : voici, un homme (...) Son corps était comme de chrysolite, son visage comme l'aspect de l'éclair, ses yeux comme des lampes de feu, ses bras et ses jambes comme l'apparence de l'airain poli, et le bruit de ses paroles comme le bruit d'une multitude». (Daniel, X, 5-6)

Le jugement dernier

Si le peuple juif a été dominé par les Perses et par les Grecs, c'est parce que les créateurs, pour le punir de son manque de foi, ont placé des hommes à eux, des «anges», parmi ces peuples, afin de leur faire accomplir des progrès techniques expliquant les grands moments de leurs civilisations.

L'ange Michaël était le chef de la délégation chargée d'aider les Perses :

«Michaël (...) est venu (...) là, auprès des rois de Perse». (Daniel, X-13)

Au chapitre XII de Daniel on reparle de la résurrection :

«Beaucoup de ceux qui dorment dans la terre de la poussière se réveilleront : ceux-ci pour la vie éternelle, ceux-là pour la honte, pour l'horreur éternelle». (Daniel, XII-2)

Le «jugement dernier» permettra aux grands hommes de revivre. Ceux qui auront été positifs pour l'humanité et qui auront cru dans les créateurs, suivi leurs commandements, seront accueillis avec joie par les hommes de l'époque où cela arrivera. Par contre, tous les mauvais hommes auront honte devant leurs juges, mais vivront dans le regret éternel en exemple pour l'humanité.

«Les gens intelligents brilleront comme l'éclat du firma-

LA SURVEILLANCE DES ÉLUS

ment, et ceux qui ont amené beaucoup à la justice, comme les étoiles (...) ». (Daniel, XII-3)

Les génies seront les plus estimés et les plus récompensés, et les hommes justes, ayant permis aux génies de s'épanouir ou à la vérité de triompher, seront également récompensés.

« Et toi, Daniel, garde secrètes ces paroles et scelle le livre jusqu'au temps de la fin. Beaucoup chercheront çà et là, et la connaissance s'accroîtra ». (Daniel, XII-4)

Ces paroles ne pourront effectivement être comprises que quand l'homme sera parvenu à un niveau de connaissances scientifiques suffisant, c'est-à-dire maintenant. Et tout cela se produira :

« Lorsque s'achèvera l'écrasement de la force du peuple saint ». (Daniel, XII-7)

Lorsque le peuple d'Israël retrouvera son pays après la longue dispersion. L'état d'Israël fut créé voici quelques dizaines d'années en même temps que l'explosion scientifique des hommes de la Terre.

« Va, Daniel, car ces paroles sont secrètes et scellées jusqu'aux temps de la fin ». (Daniel, XII-9)

Tout cela ne pourra être compris qu'à cette époque-là. Maintenant, tout cela peut être compris. Depuis quelques années, les progrès scientifiques ont été tels, avec notamment les débuts pour l'homme de l'exploration spatiale, que tout paraît possible, à juste titre, aux yeux des hommes. Plus rien

79

n'étonne les gens qui sont habitués à voir n'importe quel pro-
dige se dérouler devant eux sur leurs écrans de télévision. Ils
peuvent sans grand étonnement apprendre qu'ils sont réellement faits à l'image de «Dieu», leur créateur tout puissant,
jusque dans leurs possibilités scientifiques. Les «miracles»
deviennent compréhensibles.

Dans Jonas, le «grand poisson» qui avale le prophète est
très intéressant. Une fois Jonas jeté à la mer, du petit bateau :

«Iahvé commanda à un grand poisson d'avaler Jonas et
Jonas fut dans les entrailles du poisson trois jours et trois
nuits». (Jonas, II-1)

Un «grand poisson»... en réalité un sous-marin comme
vous les connaissez maintenant mais qui, pour les hommes de
l'époque, ne pouvait être qu'un «grand poisson», même si les
sucs gastriques d'un tel poisson avaient digéré très vite un
homme sans espoir de retour à l'air libre. Il aurait d'autre part
fallu qu'il fasse de l'aérophagie pour que l'homme y respire.
Dans ce sous-marin, les créateurs peuvent s'entretenir avec
Jonas et se tenir au courant de l'évolution des événements
politiques de l'époque.

«Alors Iahvé commanda au poisson et celui-ci cracha
Jonas sur la terre sèche». (Jonas, II-11)

Le sous-marin s'est approché près du rivage et Jonas est
revenu sur la terre ferme. Dans Zacharie V, il y a encore la
description d'un engin volant :

«Je recommençai à lever les yeux et j'eus une vision: et
voici un rouleau volant (...) d'une longueur de vingt coudées

(9 mètres) et d'une largeur de dix coudées (4,50 mètres)».
(Zacharie, V, 1-2)

Un peu plus loin apparaissent pour la première fois les femmes des créateurs :

«(...) et voici qu'apparurent deux femmes. Il y avait du vent dans leurs ailes, car elles avaient des ailes comme des ailes de cigogne». (Zacharie, V-9)

Deux compagnes féminines des créateurs équipées de combinaisons de vol autonomes évoluent devant Zacharie.

Dans les Psaumes VIII, il est dit en parlant de l'homme : « Tu l'as fait de peu inférieur aux Elohim». (Psaumes, VIII-6)

Les hommes sont presque aussi forts, intellectuellement, que leurs créateurs. Ils n'ont pas osé écrire, ceux qui ont recopié, égal aux Elohim comme cela avait été dicté.

«(...) son point de départ est à un bout des cieux et son orbite à l'autre bout...». (Psaumes, XIX-7)

Les créateurs sont venus d'une planète très éloignée de l'orbite terrestre.

«Pour le soleil, il a dressé une tente sur la mer (...)».
(Psaumes, XIX-5)

Nouvelle allusion à l'amas de terre qui fut créé quand l'océan recouvrait la Terre et forma le continent originel.

«Du haut des cieux Iahvé regarde, il voit tous les fils de

l'homme, du lieu de son habitation il observe tous les habitants de la terre (...)». (Psaumes, XXXIII, 13-14)

Les créateurs surveillent de leurs engins volants les agissements de l'humanité comme ils l'ont toujours fait.

Satan

Dans Job I, vous avez l'explication de ce qu'était Satan.

« Il advint un jour que les fils d'Elohim vinrent se présenter devant Iahvé et Satan vint aussi parmi eux ». (Job, I-6)

Elohim, cela veut dire littéralement « venus du ciel » en Hébreu. Les fils d'Elohim, donc les créateurs qui surveillent les hommes, font régulièrement des rapports sur leur planète d'origine, montrant pour la plupart que les hommes les vénèrent et les aiment. Mais l'un d'entre eux nommé Satan, fait partie de ceux qui ont toujours condamné la création d'autres êtres intelligents sur une planète aussi proche que la Terre, y voyant une menace possible. Aussi devant la dévotion de Job, un des plus beaux exemples d'homme aimant ses créateurs, il dit :

« Satan répondit à Iahvé et dit : « Est-ce gratuitement que Job craint Elohim ? (...) veuille étendre ta main et frapper tout ce qui est à lui. A coup sûr il maudira ta face ! et Iahvé dit à « Satan » : « Voici que tout ce qui est à lui est à ta discrétion ! Sur lui seulement n'étends pas ta main ! ». (Job, I, 9, 11-12)

Le gouvernement devant l'affirmation de Satan qui dit que Job, s'il n'était pas richissime, n'aimerait pas ses créateurs, donne les pleins pouvoirs à Satan afin qu'il ruine Job. On verra bien alors s'il vénère encore ses créateurs. C'est pour cela qu'il ne faut pas le tuer.

Devant l'obstination de Job, une fois ruiné, à respecter ses créateurs, le gouvernement triomphe devant l'opposition : « Satan ». Mais ce dernier répond qu'il a perdu beaucoup de choses mais est toujours en bonne santé. Le gouvernement lui donne carte blanche à condition qu'il ne le tue pas :

« Le voici à ta discrétion ! Sauvegarde seulement sa vie ! ». (Job, II-6)

Toujours dans le livre de Job une petite phrase au chapitre XXXVII est intéressante :

« (...) étendras-tu, avec lui, des nuages, solides comme un miroir de métal fondu ? ». (Job, XXXVII-18)

Est-ce que l'homme est capable de faire des « nuages solides », des engins volants métalliques en réalité. Les hommes de l'époque pensent que cela est impossible à d'autres qu'à Dieu. Cela existe pourtant actuellement...

Finalement, devant l'humilité de Job les créateurs le guérissent et lui redonnent richesse, enfants et santé.

Les hommes
ne pouvaient pas comprendre

Dans Tobit, l'un des robots des créateurs, nommé Raphaël, vient aussi éprouver les réactions des humains face à eux. Et il repart ensuite, après leur avoir prouvé qui il était.

« Tous les jours je me rendais visible pour vous ; je ne mangeais ni ne buvais (...) je remonte vers celui qui m'a envoyé, et écrivez dans un livre tout ce qui s'est accompli ». (Tobit, XII, 19-20)

Tout cela est facile à voir dans les écrits. Encore faut-il essayer de comprendre.

« Ce qu'est la Sagesse et comment elle est née, je le ferai savoir ; je ne vous cacherai aucun secret, mais je remonterai jusqu'au début de sa genèse et mettrai en lumière sa connaissance sans passer à côté de la vérité ». (La sagesse de Salomon, VI-22)

Quand le temps en sera venu, la « sagesse », la science qui a permis à tout cela d'exister, sera connue de l'homme en temps voulu. Les écrits bibliques seront la preuve de tout cela.

« Car en partant de la grandeur et de la beauté des créatures on contemple par analogie leur auteur ». (Sagesse de Salomon, XIII-5)

Il était pourtant simple de voir la vérité, reconnaître les créateurs en observant la chose créée.

«Ils n'ont pas été capables de connaître d'après les biens visibles. Celui qui est». (Sagesse de Salomon, XIII-1)

Afin de ne pas être dérangés par les hommes, les créateurs avaient des bases sur les hautes montagnes où l'on retrouve maintenant des traces de hautes civilisations (Himalaya, Pérou, etc.) et également au fond des mers. Progressivement les bases des hautes montagnes furent abandonnées pour faire place à des bases sous-marines, moins accessibles aux hommes. Les créateurs bannis du début se cachaient sous les océans :

«En ce jour-là, Iahvé sévira avec sa dure, grande et forte épée contre Léviathan, le serpent fuyard, (...) et il tuera le dragon qui est dans la mer». (Isaïe, XXVII-1)

Le gouvernement de la planète voulait à cette époque détruire les créateurs des hommes. Il n'était pas facile d'y voir clair dans toutes ces merveilles et l'on déifiait forcément les créateurs d'une façon abstraite car l'on était incapable de comprendre les choses scientifiques :

«(...) on donne l'écrit à quelqu'un qui ne connaît pas l'écriture, en disant : «lis donc ceci»; mais il dit : «je ne connais pas l'écriture». (Isaïe, XXIX-12)

Depuis longtemps les hommes ont la vérité entre les mains mais ils ne pouvaient pas la comprendre avant de «savoir lire », d'être suffisamment évolués scientifiquement.

«Tout homme est abruti, faute de science (...)». (Jérémie, X-14)

Cette science qui a permis aux créateurs de créer et permettra aux hommes d'en faire autant :

«Iahvé m'a créée, principe de sa voie, antérieurement à ses oeuvres, dès lors, dès l'éternité j'ai été formée, dès le début, antérieurement à la terre (...). Quand il établit les cieux, j'étais là (...) quand il imposa à la mer sa limite pour que les eaux ne franchissent pas son bord (...) j'étais à son côté, comme architecte, et j'étais dans les délices (...) jouant sur le sol de la terre, et mes délices sont avec les fils d'homme ». (Proverbes, VIII, 22-23, 27, 29-31)

L'intelligence et la science, c'est grâce à ces deux vertus que les créateurs ont pu créer la «terre ferme», le continent unique et les êtres vivants qu'ils ont mis dessus, et maintenant cette intelligence et cet esprit mènent le cerveau de l'homme jusqu'à un recommencement des actes de leurs créateurs. Depuis le début des temps il en est ainsi, les hommes créent d'autres hommes, semblables à eux-mêmes, sur d'autres mondes. Le cycle continue. Certains meurent, d'autres prennent la relève. Nous sommes vos créateurs et vous créerez d'autres hommes.

«Ce qui déjà fut est et ce qui doit être a déjà été (...)». (L'Ecclésiaste, III-15)

«La supériorité de l'homme sur la bête est nulle, car tout est vanité». (L'Ecclésiaste, III-19)

Les animaux eux aussi ont été créés et seront recréés. Tout comme l'homme ni plus, ni moins. Les espèces qui disparaissent pourront revivre quand vous saurez les recréer.

Nous les créateurs, ne voulons nous montrer officiellement que si l'homme nous sait gré de l'avoir créé. Nous avons peur d'une rancune que nous n'admettrions pas. Nous aimerions entrer en contact avec vous et vous faire bénéficier de notre considérable avance scientifique. Si nous étions sûrs que vous ne vous retourniez pas contre nous, et que vous nous aimiez comme des pères.

«Malheur à quiconque récrimine contre Celui qui l'a formé... L'argile dira-t-elle à celui qui la façonne : «que fais-tu? ton œuvre n'a pas de valeur!» Malheur à qui dit à son père : «Qu'as-tu engendré?». (Isaïe, XLV, 9-10)

«(...) je t'ai éprouvé dans le creuset du malheur. C'est pour l'amour de moi... que j'ai agi!». (Isaïe, XLVIII, 10-11)

C'est dans la crainte que les hommes n'aiment pas leurs créateurs qu'ils les ont laissé faire tout seuls des progrès scientifiques, presque sans les aider.

L'emblème que vous voyez gravée sur cet engin et sur ma combinaison représente la vérité : c'est aussi l'emblème du peuple juif : l'étoile de David qui veut dire : «Il en est en haut comme il en est en bas» et en son centre le «svastika» qui veut dire que tout est cyclique, le haut devenant bas et le bas devenant haut. Les origines et le destin des créateurs et des hommes sont semblables et liés.

«Ne le savez-vous pas, ne l'avez-vous pas entendu, ne vous l'a-t-on pas exposé depuis le commencement? N'avez-vous pas compris la fondation de la terre?». (Isaïe, XL-21)

La trace des bases des créateurs sur les hautes montagnes se trouve dans Amos:

«... Lui... qui marche sur les hauteurs de la terre». (Amos, IV-13)

Les bases des créateurs étaient au nombre de sept:

«Quant à ces sept, ce sont les yeux de Iahvé, ceux qui circulent par toute la terre». (Zacharie, IV-10)

D'où le chandelier à sept branches dont le sens a été perdu et qui à l'origine était, au Q.G. des créateurs, un central comportant sept témoins lumineux leur permettant de rester en contact avec les autres bases et avec l'engin interplanétaire en orbite autour de la Terre.

En ce qui concerne l'allusion à la télépathie:

«Car la parole n'est pas encore sur ma langue, que déjà, Iahvé, tu la connais toute, tu me cernes derrière et devant, puis tu mets la main sur moi. Science trop mystérieuse pour moi, elle est trop haute, je n'y puis atteindre». (Psaumes, CXXXIX, 4-6)

La télépathie est inimaginable à cette époque «Science trop mystérieuse pour moi».

De même que l'astronomie et les voyages interplanétaires étaient inimaginables eux aussi:

«Il compte le nombre des étoiles, il les appelle toutes par leurs noms. Il est grand, notre Seigneur, et très fort, son intelligence est incalculable». (Psaumes, CXLVII, 4-5)

La télécommunication non plus ne pouvait pas être comprise à cette époque:

«Lui qui adresse sa parole à toute la terre, son verbe court à toute vitesse (...)». (Psaumes, CXLVII-15)

Nous arrivons à la charnière décisive de l'œuvre des créateurs quant à son orientation. Ils décident alors de laisser les hommes progresser scientifiquement sans plus jamais intervenir directement. Ayant compris qu'eux-mêmes, ils ont été créés de la même façon et qu'en créant des êtres semblables à eux, ils ont permis au cycle de continuer. Mais avant, afin que la vérité se répande dans le monde entier, ils décident d'envoyer un «Messie» qui sera capable de faire en sorte que ce que seul le peuple d'Israël sait, se répande sur toute la Terre en vue du jour de la révélation du mystère originel, à la lumière des progrès scientifiques. Ils l'annoncent alors:

«(...) Bethléem (...) de toi sortira... celui qui doit être dominateur en Israël et dont les origines sont de toute antiquité, depuis les jours d'antan! (...). Il sera debout et fera paître par la puissance de Iahvé (...) jusqu'aux confins de la terre, et c'est lui qui sera la Paix». (Michée, V, 1-4)

«Jubile (...) fille de Jérusalem: voici que ton roi vient vers toi (...) humble et monté sur un âne (...) il dictera la paix aux nations; son empire s'étendra de la Mer à la Mer». (Zacharie, IX, 9-10)

Symbole que Raël a vu représenté sur la soucoupe volante en 1973. Il se compose de deux triangles qui se croisent (étoile de David) et d'une Swastika en son centre. Ce symbole signifie que ce qui est en haut est comme ce qui est en bas et que tout est cyclique. L'étoile de David représente l'infini dans l'espace, l'infiniment grand et l'infiniment petit, et la swastika représente l'infini dans le temps. Il s'agit certainement du plus ancien symbole apparu sur notre planète, précisément parce qu'il est le symbole de la civilisation extraterrestre des Elohim, qui ont créé toute vie sur Terre.

Chapitre 4

L'UTILITÉ DU CHRIST

LA CONCEPTION

L'INITIATION

LES HUMANITÉS PARALLÈLES

LES MIRACLES SCIENTIFIQUES

MÉRITER L'HÉRITAGE

La conception

Le Christ devait répandre dans le monde entier la vérité des écrits Bibliques afin qu'ils servent de preuve quand l'ère de la science expliquerait tout aux hommes, à l'humanité toute entière.

Les créateurs décident donc de faire naître un enfant issu d'une femme et d'un des leurs, afin que l'enfant en question ait, par hérédité, certaines facultés télépathiques qui manquent aux hommes.

« (...) elle se trouva enceinte par l'Esprit saint ». (Mathieu, I-18)

Évidemment le fiancé de Marie, qui était la terrienne choisie, trouva la pilule dure à avaler, mais :

« Voilà qu'un ange du Seigneur lui apparut ». (Matthieu, I-20)

Un des créateurs vient afin de lui expliquer que Marie attend un enfant de Dieu.

Les « prophètes » en contact avec les créateurs viennent de très loin pour voir l'enfant « divin ». Un des engins volants des créateurs leur sert de guide :

« (...) nous avons vu son étoile se lever, et nous sommes venus nous prosterner devant lui ». (Matthieu, II-2)

«(...) et voilà que l'étoile qu'ils avaient vue se lever les précédait, et elle vint se placer au-dessus de l'enfant». (Matthieu, II-9)

Et les créateurs veillent sur cet enfant :

«(...) voilà qu'un ange du Seigneur apparut en songe à Joseph et dit

Lève-toi, prends l'enfant et sa mère, fuis en Égypte et restes-y jusqu'à ce que je te parle. Car Hérode va chercher l'enfant pour le perdre». (Matthieu, II-13)

Le roi voyait d'un mauvais œil cet «enfant-roi» venu du peuple sur son territoire, que lui annonçaient les «prophètes». À la mort du roi Hérode, les créateurs préviennent Joseph qu'il peut revenir en Israël :

«A la mort d'Hérode, voilà qu'un Ange du Seigneur apparut en songe à Joseph, en Égypte, et dit : «Lève-toi, (...) et va en (...) Israël, car ceux qui en voulaient à la vie de l'enfant sont morts». (Matthieu, II, 19-20)

L'initiation

Quand il eut atteint l'âge d'homme, Jésus fut emmené par les créateurs afin de lui révéler qui il était, de lui présenter son Père, de lui révéler sa mission et de l'initier à diverses techniques scientifiques.

«(...) les cieux s'ouvrirent; il vit l'Esprit de Dieu descendre comme une colombe et venir sur lui, et voilà que, des cieux, une voix dit: Celui-ci est mon fils, l'aimé dont je suis content. Alors Jésus fut emmené au désert (...) pour être mis à l'épreuve du diable ». (Mathieu, III, 16-17 et IV-I)

Le diable, « Satan », ce créateur dont nous parlions précédemment, toujours persuadé que rien de bon ne peut venir des hommes: le sceptique « Satan », soutenu par les opposants au gouvernement de notre lointaine planète. Satan met Jésus à l'épreuve afin de voir si son intelligence est positive et s'il respecte et aime les créateurs. Ayant vu que l'on pouvait faire confiance à Jésus, on le laisse partir pour qu'il accomplisse sa mission.

Afin que la plus grande partie du peuple se rallie à lui, il fait « des miracles », en réalité il applique les enseignements scientifiques prodigués par les créateurs.

«(...) on lui présenta tous les mal-portants... et il les soigna ». (Matthieu IV-24)

« Magnifiques les pauvres par l'esprit ». (Matthieu, V-3)

Cette phrase fut injustement traduite par: bienheureux sont les pauvres d'esprit. Le sens originel était: «les pauvres, s'ils ont de l'esprit seront heureux». Rien à voir...

Il dit alors à ses apôtres qu'ils doivent répandre la vérité à travers le monde: Dans la prière appelée «notre père» la vérité est dite littéralement:

«Que vienne ton règne, que soit faite ta volonté sur terre comme au ciel». (Matthieu, VI-10)

Au ciel, sur la planète des créateurs, les scientifiques ont fini par régner et ont créé d'autres êtres intelligents. Sur la Terre la même chose arrivera. Le flambeau sera repris. Cette prière rabâchée sans en comprendre le sens profond prend maintenant toute sa signification: «Sur la Terre comme au ciel».

Jésus avait reçu, entre autre, comme enseignement de savoir parler avec persuasion grâce à une forme d'hypnose télépathique de groupe:

«Quand Jésus eut fini ce discours, les foules furent frappées de son enseignement, car il les enseignait comme ayant pouvoir et non comme leurs scribes». (Matthieu, VII, 28-29)

Il continua à soigner les malades avec l'aide des créateurs, agissant à distance par rayons concentrés:

«(...) un lépreux s'approcha (...) Jésus tendit la main, le toucha, et dit: Je le veux, sois purifié. Aussitôt il fut purifié de sa lèpre». (Matthieu, VIII, 2-3)

Même chose pour le paralytique. Opération à distance par un rayon concentré s'inspirant du laser mais ne brûlant qu'en un seul point à travers les épaisseurs.

«(...) Lève-toi et marche (...) (et) il se leva». (Matthieu, IX, 5, 7) Plus loin, dans Matthieu, Jésus annonce quelle est sa mission :

«(...) je ne suis pas venu appeler les justes mais les pécheurs». (Matthieu, IX-13)

Il n'est pas venu pour le peuple d'Israël qui connaît l'existence des créateurs, mais pour que cette connaissance s'étende à travers le monde.

Plus loin d'autres «miracles» semblables aux premiers ont lieu. Tous à bases médicales. De nos jours la greffe d'un cœur, d'un membre quelconque, la guérison d'une lèpre ou autre maladie de ce genre, la sortie d'un coma grâce à des soins appropriés sont tenus pour des miracles par les peuplades primitives. À cette époque les hommes étaient semblables à eux et les créateurs semblables aux hommes de vos nations «civilisées» mais encore un peu plus évolués scientifiquement.

Plus loin on trouve une allusion aux créateurs parmi lesquels se trouve le vrai père de Jésus :

«Quiconque donc m'avouera devant les hommes, je l'avouerai moi aussi devant mon père qui est dans les cieux». (Matthieu, X-32)

«Devant mon père qui est dans les cieux». Tout est dit ici.

Il ne s'agit pas d'un « Dieu » impalpable ou immatériel. Il est « dans les cieux ». Chose évidemment incompréhensible pour des êtres croyant les étoiles accrochées à la voûte céleste comme de gentils luminaires, le tout gravitant autour du centre du monde : la Terre. Maintenant par contre, avec l'apparition des voyages dans l'espace et la compréhension de son immensité, les textes sont éclairés d'une façon tout à fait différente.

Les humanités parallèles

Dans l'Évangile selon Matthieu, au chapitre XIII est un passage capital où Jésus, dans une parabole, explique :

« Voilà que le semeur est sorti semer ». (Matthieu, XIII-3)

Les créateurs sont partis de leur planète pour créer la vie sur un autre monde.

« (Certaines semences) sont tombées le long du chemin ; et les oiseaux (...) les ont dévorées ». (Matthieu, XIII-4)

« D'autres sont tombées parmi la rocaille, où elles n'avaient pas beaucoup de terre ; (...) mais au lever du soleil elles ont été brûlées (...) ». (Matthieu, XIII, 5-6)

« D'autres sont tombées parmi les épines ; et les épines (...) les ont étouffées... » (Matthieu, XIII-7)

« D'autres sont tombées dans la bonne terre et ont donné du fruit, celle-ci cent, celle-là soixante, celle-là trente. Entende qui a des oreilles ! ». (Matthieu, XIII, 8-9)

Allusion aux diverses tentatives de création de la vie sur d'autres planètes, trois tentatives échouèrent : la première à cause des « oiseaux » qui sont venus les dévorer, en réalité un échec dû à la trop grande proximité de cette planète, de la planète d'origine des créateurs. Les opposants à cette création d'hommes semblables à eux, et qui y voyaient une menace possible, sont venus détruire la création. La deuxième tentative fut faite sur une planète située trop près d'un soleil trop chaud et dont les radiations nocives détruisirent la création. La troisième tentative fut faite au contraire «parmi les épines », sur une planète trop humide où le règne végétal prit le dessus détruisant l'équilibre et le monde animal. Ce monde uniquement végétal existe toujours. Enfin la quatrième tentative fut un succès, «dans la bonne terre». Et chose importante, il y a eu trois succès, ce qui veut dire que sur deux autres planètes relativement proches il y a des êtres semblables aux hommes et créés par les mêmes créateurs.

«Entende qui a des oreilles!»: comprenne qui pourra. Quand les temps seront venus, ceux qui cherchent comprendront. Les autres, ceux qui regardent sans regarder et entendent sans entendre ni comprendre, ceux-là ne comprendront pas la vérité.

Ceux qui, par eux-mêmes, auront prouvé leur intelligence et par là même qu'ils sont dignes d'être aidés par les créateurs, seront aidés:

«(...) on donnera à celui qui a et il aura en plus; mais celui qui n'a pas, on lui enlèvera même ce qu'il a». (Matthieu, XIII-12)

Les peuples qui ne parviendront pas à prouver leur intelligence seront détruits. Or les hommes ont presque prouvé qu'ils sont dignes d'être admis par leurs créateurs comme leurs égaux, il ne leur manque... qu'un peu d'amour. Amour entre eux et surtout envers leurs créateurs.

«(...) à vous il a été donné de connaître les mystères du règne des cieux...». (Matthieu, XIII-11)

Les trois planètes où la vie a été créée ont été mises en compétition. Celle où l'humanité accomplira les plus grands progrès scientifiques, prouvant ainsi son intelligence, pourra bénéficier de l'héritage des créateurs, à la condition qu'elle ne se montre pas agressive envers eux, elle recevra alors cet héritage au jour du «jugement dernier». Jour où un niveau suffisant de connaissances aura été acquis. Et les hommes de la Terre ne sont pas très loin de ce temps.

Le génie humain c'est « (...) la plus petite de toutes les semences, mais quand elle croît, c'est le plus grand des légumes, elle devient un arbre et les oiseaux du ciel viennent nicher dans ses branches ». (Matthieu, XIII-32)

Les «oiseaux du ciel» : les créateurs viendront «nicher» dans ses branches, apporteront leur savoir aux hommes quand ils s'en seront montrés dignes.

«Le règne des cieux est pareil à la levure qu'une femme a (...) cachée dans trois mesures de farine jusqu'à ce que tout ait levé». (Matthieu, XIII-33)

Nouvelle allusion aux trois mondes où les créateurs attendent l'éclosion scientifique.

«(...) je clamerai ce qui a été caché depuis la fondation du monde». (Matthieu, XIII-35)

Car c'est là une des choses les plus importantes, les planètes ont une vie et ne sont un jour plus habitables. L'homme doit à ce moment-là avoir atteint un niveau scientifique suffisant pour entreprendre soit un déménagement sur une autre planète, soit la création d'une forme de vie humanoïde adaptée à un autre monde, afin que les hommes survivent s'ils ne peuvent s'adapter ailleurs. Si le milieu ne peut s'adapter aux hommes, il faut créer un homme adapté au milieu. En créant par exemple avant son extinction une autre race d'hommes vivant dans une atmosphère totalement différente et qui héritera, avant la fin des créateurs, du savoir de ceux-ci.

Afin que l'héritage ne soit pas perdu, les créateurs ont mis la vie sur trois mondes, et le meilleur seulement aura droit à l'héritage :

«(...) à la fin des âges : les anges sortiront, ils sépareront les mauvais du milieu des justes (...)». (Matthieu, XIII-49)

Le passage de la multiplication des pains a déjà été expliqué précédemment. Il s'agit d'aliments concentrés sous forme de grosses pilules du genre de celles qu'utilisent les cosmonautes et contenant tous les principes vitaux. D'où les «hosties» et leurs formes rappelant celle d'une pilule. Avec l'équivalent de quelques pains il y a de quoi nourrir des milliers d'hommes.

Des miracles scientifiques

Quand Jésus marche sur les eaux, les créateurs le soutiennent par un rayon antigravitationnel qui annule en un point précis les effets de la pesanteur.

«(...) il vint vers eux, marchant sur la mer». (Matthieu, XIV-25) Cela crée d'ailleurs une turbulence qui est décrite :

«(...) mais en voyant le vent (Pierre) fut effrayé et (...) comme ils montaient dans le bateau, le vent tomba». (Matthieu, XIV, 30, 32)

Le «vent tomba» quand ils montèrent dans le bateau, car l'émission du rayon fut interrompue quand Jésus fut dans le bateau. Encore un «miracle» tout à fait scientifique. Il n'y a pas de miracle, il n'y a que des décalages de civilisations. Si vous débarquiez à l'époque de Jésus avec un vaisseau cosmique ou même un simple hélicoptère et votre niveau scientifique pourtant limité, vous feriez des miracles à leurs yeux en faisant par exemple de la lumière artificielle, en venant du ciel, en roulant dans une automobile, regardant la télévision ou en tuant un oiseau à l'aide d'un fusil, car ils seraient incapables de comprendre d'emblée le mécanisme qui anime vos engins, y voyant une force «divine» ou surnaturelle. Dites-vous bien qu'il y a le même décalage entre vous et les hommes de l'époque de Jésus qu'entre nous et vous. Nous pouvons encore faire des choses qui seront des «miracles» à vos yeux.

Mais pour les plus évolués d'entre vous, ce ne seront plus

tout à fait des « miracles », car vous avez pris la route du développement scientifique depuis quelques dizaines d'années et chercherez le pourquoi des choses au lieu de vous mettre bêtement à plat ventre en apportant des offrandes.

Mais nos connaissances sont telles que vous ne pourriez même pas entrevoir, même vos plus éminents savants, comment nous réaliserions ces « miracles » si nous en faisions. Quelques esprits particulièrement évolués ne s'affoleraient peut- être pas, mais la panique s'emparerait des foules. Ces foules qui pourtant ne s'étonnent plus de grand-chose, nous avons encore de quoi les étonner tout de même. Il faut qu'elles sachent maintenant que de toutes façons il n'y a pas de « Dieu » immatériel, il y a des hommes qui ont créé d'autres hommes à leur image.

Au chapitre XVII de Matthieu les créateurs apparaissent encore :

« (...) sur une haute montagne, à l'écart (...) (Jésus) fut transfiguré devant (Pierre, Jacques et Jean), sa face brilla comme le soleil, ses vêtements devinrent blancs comme la lumière. Et voilà qu'ils virent Moïse et Elie parler avec lui (...) voilà qu'une nuée lumineuse les couvrit et que, de la nuée, une voix dit : Celui-ci est mon fils, (...) écoutez-le ». (Matthieu, XVII, 1-3, 5)

Cette scène se déroule de nuit et les apôtres sont tous effrayés de voir Jésus éclairé par les puissants projecteurs de l'engin volant d'où sortent Moïse et Elie toujours en vie grâce à « l'arbre de vie » dont ils ont bénéficié. L'immortalité est une réalité scientifique, même si elle ne correspond pas à l'idée que l'homme s'en fait.

La phrase (d'après Matthieu, XIX-30) :

« Les premiers seront les derniers et les derniers seront les premiers », veut dire que les créés seront créateurs comme les créateurs ont été créés.

Mériter l'héritage

Au chapitre XXV (v. 14 à 29) de l'Évangile selon Matthieu il est dit encore que les trois planètes doivent faire des progrès scientifiques et que tout cela sera jugé un jour. D'où la parabole :

«Partant en voyage un homme a confié ses biens à ses trois esclaves :

Le premier a reçu cinq talents ;

Le deuxième deux talents ;

Le troisième un talent.

Quand le maître revient : le premier lui rend les cinq talents et lui en montre cinq autres qu'il a gagné avec.

Le deuxième lui rend les deux talents plus deux qu'il a gagné avec.

Le troisième lui rend seulement le talent qui lui avait été remis.

«Enlevez-lui donc son talent et donnez-le à celui qui a les dix talents. Car on donnera à celui qui a et il aura en plus ; mais celui qui n'a pas, on lui enlèvera même ce qu'il a.»

Des trois mondes où la vie a été créée, le monde qui aura fait le plus de progrès recevra l'héritage. Celui qui n'aura pas progressé sera dominé par l'autre et anéanti.

Cela est vrai aussi sur la Terre entre les peuples.

Au chapitre XXVI Jésus révèle l'importance de sa mort et des écritures destinées, plus tard, à témoigner : quand un des siens veut le défendre avec le sabre il répond :

« Remets ton sabre en place (...). Crois-tu que je ne pourrais pas faire appel à mon père, qui mettrait à l'instant à ma disposition plus de douze légions d'anges ? ». (Matthieu, XXVI, 52-53)

« Mais comment seraient remplies les écritures ? Car il doit en être ainsi ». (Matthieu, XXVI-54)

Il faut en effet que Jésus meure, que la vérité se répande afin que plus tard, quand les créateurs reviendront sur la Terre, on ne les prenne pas pour des usurpateurs ou des envahisseurs. L'utilité des écrits bibliques et évangéliques c'est cela. C'est pour que la trace de leur œuvre et de leur présence soit gardée et qu'ils soient reconnus quand ils viendront.

Jésus, une fois mort, « ressuscite » grâce à l'aide des créateurs :

« (...) il y eut une grande secousse, car un ange du Seigneur descendit du ciel, s'approcha, roula la pierre (qui fermait le tombeau de Jésus) et s'assit dessus. Il avait l'aspect de l'éclair et son vêtement était blanc comme neige ». (Matthieu, XXVIII, 2-3)

Les créateurs soignent et raniment Jésus. Et il dit :

« Allez donc (dire tout cela) à toutes les nations, faites-en des disciples (...) enseignez-leur à garder tout ce que je vous ai commandé». (Matthieu, XXVIII, 19-20)

La mission de Jésus s'achève.

«(...) après leur avoir parlé, (il) fut enlevé vers le ciel (...)» (Marc, XVI-19) Les créateurs l'emmenèrent après cette dernière phrase tellement importante :

«(Les temps seront venus quand les hommes) prendront des serpents, boiront du poison sans en être gênés, poseront les mains sur les malades et en feront des bien portants». (Marc, XVI-18)

Quand les hommes connaîtront le sérum antivenimeux, les contrepoisons, auront développé la chirurgie, etc. ce qui se passe maintenant.

Les créateurs, avant de revenir, feront des apparitions de plus en plus rapprochées afin de préparer leur venue comme cela se passe en ce moment, afin de donner de l'éclat à ces révélations :

«Voyez le figuier (...) quand les bourgeons poussent, l'été n'est pas loin». (d'après Luc, XXI, 29-30)

Quand apparaissent les objets volants non identifiés en pagaille comme maintenant, c'est que les temps sont venus.

Dans les actes des apôtres au chapitre II il est encore dit :

«Le jour de la Pentecôte (les apôtres) étaient (...) ensemble (...) quand soudain, vint du ciel un bruit comme d'un violent coup de vent qui remplit toute la maison où ils étaient assis, et ils virent des langues, comme de feu, se partager et se poser sur chacun d'eux, et tous furent remplis de l'Esprit saint et commencèrent à parler en d'autres langues...». (Actes des Apôtres, II, 1-4)

Les créateurs grâce à un enseignement condensé et inculqué rapidement sous forme d'ondes télépathiques amplifiées et appliquées sous une forme s'ap- parentant à l'électrochoc, impriment dans la mémoire des apôtres, les éléments d'autres langues. Ils vont ainsi pouvoir répandre la vérité à travers le monde.

Dans les «Actes des apôtres» il faut citer les apparitions des créateurs, les «anges», à plusieurs reprises et notamment pour libérer Pierre, enchaîné par Hérode :

«Et voilà que survint un ange du Seigneur et qu'une lumière brilla dans la prison. L'ange réveilla Pierre en le frappant au côté et lui dit : Lève-toi vite. Les chaînes tombèrent de ses mains. L'ange lui dit : Ceins-toi et chausse tes sandales ; il le fit. Il lui dit encore : Revêts ton manteau et suis-moi. Pierre sortit et le suivit sans savoir que ce qui arrivait par l'ange était vrai : il lui semblait voir une vision». (Actes des apôtres, XII, 7-9)

Pierre, en primitif qu'il était, devant ses chaînes qui tombent toutes seules croit avoir une vision. Il ne connaît pas le chalumeau électronique à laser dont se sert l'un des créateurs. Quand des choses aussi fantastiques se produisent on croit rêver. C'est pourquoi il est souvent dit de ceux qui ont vu les créateurs qu'ils ont eu une vision, qu'ils ont vu dans un songe. Un peu comme on dit souvent de ceux qui voient vraiment nos engins volants qu'ils ont eu des hallucinations. Là, il est clairement expliqué qu'il croyait voir un songe mais que c'était bel et bien réel !

« Ils... vinrent à la porte de fer (qui) s'ouvrit d'elle-même (...) aussitôt l'ange le quitta ». (Actes des apôtres, XII-10)

Un autre signe que les temps sont venus est que le peuple d'Israël a retrouvé son pays :

« Après cela je reviendrai et je rebâtirai l'abri de David qui était tombé ! ». (Actes des apôtres, XV-16)

Autre phrase importante dans un chapitre suivant :

« Nous sommes bien de sa race en effet ». (Actes des apôtres, XVII-28), est-il dit en parlant de Dieu par un apôtre. Nous n'allons pas continuer à lire ainsi la suite des Évangiles où se trouvent encore beaucoup d'allusions aux créateurs mais ayant moins d'importance.

Vous saurez vous-même les traduire, pour ceux qui vous poseront des questions, à la lumière des explications que je vous ai données jusque-là ».

Et il repartit comme les fois précédentes.

Chapitre 5

LA FIN DU MONDE

1946, AN 1 DE L'ÈRE NOUVELLE

LA FIN DE L'ÉGLISE

LA CRÉATION DE L'ÉTAT D'ISRAËL

LES ERREURS DE L'ÉGLISE

À L'ORIGINE DE TOUTES LES RELIGIONS

L'HOMME: UNE MALADIE DE L'UNIVERS

L'ÉVOLUTION: UN MYTHE

1946, an 1 de l'ère nouvelle

Le lendemain il revint comme les fois précédentes et il parla.

«Le temps de la fin du monde est venu. Non pas de la fin du monde dans une catastrophe détruisant la Terre, mais de la fin du monde de l'Église qui a fait son œuvre, plus ou moins bien, mais qui l'a fait. Œuvre de vulgarisation permettant aux créateurs d'être reconnus quand ils viendront. Comme vous l'avez remarqué, l'Église chrétienne se meurt. C'est la fin de ce monde-là car il a rempli sa mission, avec pas mal d'erreurs, en voulant trop longtemps déifier les créateurs. Cela était bon jusqu'à la civilisation scientifique où un coup de barre aurait dû être donné si la vraie vérité avait été gardée et si ils avaient su lire entre les lignes. Mais ils ont fait trop d'erreurs. Cela était prévu et ils s'écrouleront, ne servant plus à rien. Déjà, la morosité ronge le peuple des pays scientifiquement développés qui ne croit plus à rien. Il ne peut plus croire au «bon dieu» à barbe blanche juché sur un nuage et omniprésent à qui on a voulu lui faire croire, pas plus qu'aux charmants petits anges gardiens ou au diable à cornes et sabots... Alors il ne sait plus à quoi croire. Seuls cer- tains jeunes ont compris que l'amour était primordial... Vous êtes arrivés à l'âge d'or. Vous, les hommes de la Terre, vous volez dans les cieux, vous faites porter votre voix aux quatre coins de la Terre par les ondes radio- phoniques, les temps sont venus pour que la vérité vous soit révélée. Comme cela était écrit, tout arrive maintenant que la Terre est entrée sous le signe du Verseau. Certains hommes l'ont déjà écrit mais on ne les a pas crus. Depuis vingt-deux mille ans que les créateurs décidèrent de faire leur œuvre sur Terre tout est prévu, car le mouvement de la galaxie suppose cette connaissance. Les Poissons furent le Christ et ses pêcheurs, et le Verseau, qui suit, est là depuis 1946, Époque où le peuple d'Israël retrouve son pays :

«Il y aura en ce jour-là, une clameur bruyante du côté de la Porte des Poissons». (Sophonie, I-10)

La Porte des Poissons c'est le passage dans l'ère nouvelle du Verseau. Le moment où le soleil se lève sur la Terre, le jour de l'équinoxe de printemps, «dans» le Verseau. La clameur bruyante c'est le bruit que fera cette révélation. Et si vous êtes né en 1946 ce n'est pas par hasard.

La fin de l'Église

Cette révélation va redonner l'espoir et le bonheur aux moroses grâce à la lumière qu'elle apporte. Mais elle va aussi hâter la chute de l'Église à moins qu'elle ne comprenne son erreur et se mette au service de la vérité.

«Car le tyran touchera à sa fin, le moqueur disparaîtra et tous ceux qui font le guet de l'iniquité seront retranchés :

Ceux qui par leur déclaration font de l'homme un coupable, tendent des pièges à celui qui rend l'arrêt à la Porte et évincent abusivement le juste ». (Isaïe, XXIX, 20-21)

C'est la fin de ceux qui font croire au péché originel et font de l'homme un coupable, de ceux qui tendent des pièges à celui qui répandra la vérité au moment de la « Porte » des poissons, l'entrée dans le Verseau, pour essayer de sauver l'Église telle qu'elle existait en évinçant le juste, celui qui dit ce qui est juste, celui qui dit ou écrit la vérité. Comme ceux qui, persuadés qu'ils défendaient quelque chose de vrai sans chercher à comprendre, ont crucifié Jésus par peur de se voir ruinés et anéantis au moment du passage dans l'ère des Poissons.

«Les yeux des voyants ne seront plus englués et les oreilles de ceux qui entendent seront attentives (...). On ne qualifiera plus l'insensé de noble et on ne dira plus au fourbe qu'il est un grand. (Isaïe, XXXII, 3, 5)

Car l'insensé profère des folies et son cœur songe à l'iniquité de sorte qu'il pratique l'impiété, profère à l'adresse de

Iahvé des propos aberrants, laisse à vide l'âme de celui qui a faim et laisse celui qui a soif manquer de breuvage. Quant au fourbe, ses fourberies sont criminelles, c'est lui qui projette des plans pour anéantir les pauvres par des paroles menson-gères, alors que l'indigent expose sa cause. Mais celui qui est noble projette des actes nobles ; c'est lui qui se lèvera pour des actes nobles ». (Isaïe, XXXII, 6-8)

Tout le monde alors comprendra, « les yeux ne seront plus englués ». L'Église, qui profère à l'adresse de Iahvé des pro-pos aberrants et laisse à vide l'âme de ceux qui ont faim de vérité, c'est elle qui projette des plans pour anéantir les pau-vres, pour faire en sorte que ceux qui ne peuvent pas compren-dre, ou n'osent pas comprendre, restent fidèles à elle, dans la peur du « péché », d'excommunication ou autres fadaises. Alors que l'indigent expose sa cause, alors que celui qui n'a pas assez d'intelligence pour saisir la vérité se dresse en défenseur des mensonges de l'Église sur son conseil. Mais celui qui est noble, celui qui clamera bien fort la vérité, pro-jette des actes nobles, même s'il n'a pas l'assentiment de l'Église agonisante des hommes.

« Ne le savez-vous pas, ne l'avez-vous pas entendu, ne vous l'a-t-on pas exposé depuis le commencement ? N'avez-vous pas compris la fondation de la terre ? ». (Isaïe, XL-21)

« Voici mon serviteur que Je soutiens, mon élu en qui mon âme se complaît. J'ai mis mon esprit sur lui. Il fera connaître aux nations un jugement ». (Isaïe, XLII-1)

Vous êtes celui qui va répandre la vérité à travers le monde, cette vérité qui vous est révélée depuis quelques jours.

« Il ne brisera pas le roseau ployé et n'éteindra pas la mèche qui faiblit ». (Isaïe, XLII-3)

Vous ne parviendrez pas à détruire complètement l'Église et ses mensonges mais elle s'éteindra d'elle-même. Cette extinction est d'ailleurs déjà commencée depuis quelques temps. « La mèche faiblit ». Elle a accompli sa mission, il est l'heure pour elle de disparaître. Elle a fait des erreurs et s'est trop enrichie sur le dos de la vérité sans chercher à l'interpréter d'une façon claire pour les hommes de cette époque, mais ne la blâmez pas trop car c'est grâce à elle que la Bible, témoin de la vérité, peut se trouver dans le monde entier. Toutefois, leurs erreurs sont grandes, particulièrement celle d'avoir trop mis de surnaturel dans la vérité, d'avoir mal traduit les écrits bibliques en remplaçant dans les « Bibles usuelles » le terme « Elohim » qui désigne les créateurs, par Dieu, un terme au singulier alors que Elohim, en Hébreu est le pluriel d'Eloha, transformant ainsi les créateurs en un Dieu unique incompréhensible. Les autres erreurs sont d'avoir fait adorer aux gens un bout de bois mis en croix en souvenir de Jésus-Christ. Une croix n'est pas le Christ. Un bout de bois croisé ne signifie rien.

« Il ne reconsidère pas en son cœur, il n'a ni connaissance, ni intelligence pour dire « J'en ai brûlé la moitié au feu, j'ai aussi fait cuire sur ses braises du pain ; je rôtis de la viande et je la mange et je tirerai du reste une abomination !

J'adorerai un bout de bois ! ». (Isaïe, XLIV-19)

La création de l'État d'Israël

Le retour en Israël du peuple juif est un signe de l'âge d'or qui était écrit : « Je ferai venir ta race de l'Orient et d'Occident, je te rassemblerai. Je dirai au Nord : donne ! et au Midi : ne retiens pas, fais venir mes fils du lointain et mes filles de l'extrémité de la terre, tous ceux qui se nomment de mon nom, ceux que j'ai, pour ma gloire, créés, formés et faits ! ». (Isaïe, XLIII, 5-7) C'est bien là la création de l'État d'Israël accueillant les Juifs du Nord et du Midi. Et le fait que la Bible, préservée par le peuple juif, serve de témoignage à la venue des créateurs est écrit :

« Vous êtes mes témoins ! ». (Isaïe, XLIII-10)

« Faites sortir le peuple aveugle, mais qui a des yeux, les sourds qui ont cependant des oreilles. Que toutes les nations se groupent ensemble, que les peuples s'assemblent ! Qui, parmi eux, a prédit ces choses et nous a fait entendre l'annonce des premiers événements ? Qu'ils produisent leurs témoins pour avoir raison, qu'on entende et que l'on dise : c'est vrai ! ». (Isaïe, XLIII, 8-9)

« Vous êtes mes témoins ! oracle de Iahvé, et vous êtes mon serviteur que j'ai élu, afin que vous sachiez, que vous croyiez en moi et que vous compreniez que je suis le même (...). Quant à vous, vous êtes mes témoins, oracle de Iahvé, et moi je suis Dieu : aujourd'hui aussi je suis le même ». (Isaïe, XLIII, 10, 12-13)

« Vous êtes mes témoins », c'est explicite non ? Et je peux

vous redire en ce jour : « aujourd'hui je suis le même » grâce au témoignage que vous avez en main avec la Bible.

« Je t'avais abandonnée pendant un court instant, mais je te rassemblerai avec une grande compassion ». (Isaïe, LIV-7)

Le peuple d'Israël a en effet retrouvé son pays après avoir participé à la sauvegarde de la vérité.

Les temps où l'homme, par la science, dominera la maladie sont prévus :

« Il n'y aura plus là de nourrisson vivant quelques jours, ni de vieillard qui n'accomplisse pas ses jours (...) ». (Isaïe, LXV-20)

La médecine permet aux hommes de triompher maintenant de la maladie et surtout de la mortalité infantile.

« Sur les lèvres de l'homme intelligent se trouve la sagesse, mais le bâton est pour le dos de celui qui est privé de cœur ». (Proverbes, X-13)

Les erreurs de l'Église

L'Église, oui, a fauté en culpabilisant l'homme et en le faisant prier sans qu'il cherche à comprendre.

« Dans vos prières, ne rabâchez pas comme les païens. Ils croient qu'avec leur bavardage ils seront exaucés ». (Matthieu, VI-7)

Malgré la mise en garde des Évangiles, l'Église s'est aussi trop enrichie, alors qu'il était écrit :

« Personne ne peut s'asservir à deux seigneurs : car ou il détestera l'un et aimera l'autre, ou il s'attachera à l'un et méprisera l'autre. Vous ne pouvez vous asservir à Dieu et à Mamon*. Ne vous amassez pas de trésors sur la terre (...) ». (Matthieu, VI, 24 et 19)

« Ne possédez ni or ni argent ni monnaies, dans vos ceintures ; pas de besaces pour le chemin, ni de deuxième tunique, ni de chaussures, ni de bâton ». (Matthieu, X, 9-10)

Avec leurs règles stupides et leurs vendredis maigres ils n'ont pas respecté leur propre évangile :

« Ce n'est pas ce qui entre dans la bouche qui profane l'homme : mais ce qui sort de la bouche, voilà ce qui profane l'homme ». (Matthieu, XV-11)

*Mamon : la richesse en araméen.

Comment osent-ils, ces hommes qui ne sont que des hommes, se prélasser dans la fortune et le luxe du Vatican alors que leurs évangiles leurs disent de ne posséder «ni or, ni argent», même pas une «deuxième tunique» Comment osent-ils prêcher la bonté ?

«Et Jésus dit à ses disciples: oui je vous le dis, un riche entre difficilement dans le règne des cieux». (Matthieu, XIX-23)

«Ils lient de lourdes charges et les posent sur les épaules des hommes, mais eux, ils ne veulent pas les bouger du doigt. Toutes leurs oeuvres ils les font pour être remarqués par les hommes (...) ils aiment la première place dans les dîners (...) et se faire saluer (...). Vous autres (...) vous n'avez qu'un maître et vous êtes tous frères. Et n'appelez père aucun de vous sur la terre car vous n'avez qu'un père, le céleste. Ne vous faites pas non plus appeler directeur car vous n'avez qu'un directeur, le Christ. Mais le plus grand d'entre vous sera votre serviteur». (Matthieu, XXIII, 4-11)

Cela est pourtant écrit dans leurs évangiles. Comment l'Église ose-t-elle accabler les hommes de soi-disant péchés qui ne sont que conceptions différentes de mœurs et de mode de vie, parler de bonté en vivant dans l'opulence du Vatican quand les hommes meurent de faim, se faire inviter et rechercher les honneurs en prêchant l'humilité, se faire appeler mon père, éminence ou votre sainteté quand leurs propres évangiles le leur défendent ! Si demain le pape partait sur les routes avec sa besace, l'Église revivrait. Mais dans un but humanitaire tout à fait différent de celui qui était le sien jusqu'à maintenant : à savoir la propagation de ce qui doit servir de preuve aujourd'hui. Cette mission est terminée mais l'Église peut se reconvertir dans la voie de la bonté, de l'aide aux peuples malheureux, de l'aide à la propagation du vrai visage des écrits déformés ou tenus secrets jusqu'à maintenant. La grandeur d'âme de certains des hommes d'Église trouverait ainsi son accomplissement. Il faut pour cela que le Vatican donne l'exemple en vendant toutes ses richesses au profit des nations sous développées et en y allant pour aider les hommes à progresser, en offrant ses mains pour travailler et non plus la « bonne parole ».

Il est inadmissible qu'il y ait différentes catégories de mariages et surtout d'enterrements suivant la fortune des hommes. Encore une erreur de l'Église. Mais les temps sont venus !

A l'origine de toutes les religions

Des traces de la vérité, il n'y en a pas que dans la Bible et les Évangiles, des témoignages se trouvent dans pratiquement toutes les religions. La Kabbale notamment est un des livres les plus riches en témoignages mais il ne vous aurait pas été facile de vous en procurer un. Si un jour vous pouvez en trouver un exemplaire, vous pourrez y constater un très grand nombre d'allusions à nous. En particulier une description dans le Cantique des Cantiques (V) de la planète des créateurs ainsi que la distance qui la sépare de la Terre. Il y est dit que la « hauteur du créateur » est de 236 000 » parasanges » et que la « hauteur de ses talons » est de 30 millions de « parasanges ». Le parasange qui, comme le parsec, est une unité de mesure, équivaut à la distance que parcourt la lumière en une seconde soit environ 300 000 kilomètres. Notre planète est à 30 millions de parasanges soit neuf mille milliards de kilomètres environ ou un peu moins d'une année lumière. En vous déplaçant à la vitesse de la lumière, soit 300 000 km/seconde, vous mettriez presque un an pour parvenir sur notre planète. Avec vos fusées actuelles qui ne se déplacent qu'à 40 000 km/h, vous mettriez près de 26 000 ans avant d'arriver jusqu'à nous. Vous voyez que nous n'avons rien à craindre pour l'instant. Nous avons les moyens de nous rendre de notre planète sur la Terre en moins de deux mois grâce à un mode de propulsion utilisant l'atome et nous permettant de nous déplacer à la vitesse de rayons qui sont sept fois plus rapides que la lumière. Ces rayons nous « portent ». Pour que nous soyons « portés » par eux, nous quittons la fenêtre optique, la gamme de rayons que les yeux perçoivent, pour nous accorder avec le rayonnement porteur. C'est pourquoi des observateurs terrestres de nos engins volants les ont décrits comme devenant lumineux, blancs très brillants, puis bleus et disparaissant enfin. Il est évident que quand un engin dépasse la vitesse de la lumière, il « disparaît », il n'est plus visible à l'œil nu. Voilà la hauteur des « talons » du créateur, la distance à laquelle ses talons reposent sur une planète. La planète des créateurs est éloignée de son soleil de 236 000 parasanges, soit 70 milliards huit cent millions de kilomètres, c'est la « hauteur du créateur », par rapport à son soleil, un grosse étoile.

La Kabbale est le livre le plus proche de la vérité mais presque tous les livres religieux font allusion à nous plus ou moins clairement, surtout dans les pays où les créateurs avaient des bases : dans la cordillère des Andes, dans l'Himalaya, en Grèce où la Mythologie contient aussi de grands témoignages, la religion Bouddhiste, Islamique, les Mormons, il faudrait des pages pour citer toutes les religions et sectes qui témoignent d'une façon plus ou moins obscure de notre œuvre.

L'homme : une maladie de l'univers

Voilà, vous connaissez maintenant la vérité. Il faut l'écrire et la faire connaître à travers le monde. Si les hommes de la Terre veulent que nous les fassions profiter de notre savoir en leur faisant ainsi gagner 25 000 ans, il faut qu'ils nous montrent qu'ils ont envie de nous rencontrer et surtout qu'ils le méritent, que cela peut être fait sans danger pour nous. Si nous donnons aux hommes notre savoir, il faut que nous soyons sûrs qu'ils en feront bon usage. Nos observations de ces dernières années ne nous ont pas montré que la sagesse régnait sur Terre. Certes, il y a des progrès mais des hommes meurent encore de faim et l'esprit belliqueux existe encore à travers le monde. Nous savons que notre venue pourrait arranger bien des choses et unir les nations, mais il faut que nous sentions que les hommes en ont vraiment envie et qu'ils ébauchent réellement l'union. Il faut d'autre part que nous sentions qu'on a vraiment envie de nous voir venir en connaissance de cause. Plusieurs fois des engins humains à vocation guerrière ont essayé de prendre nos appareils en chasse, les prenant, il est vrai, pour des ennemis. Il faut leur appren- dre qui nous sommes afin que nous osions nous montrer sans risquer d'être blessés ou tués, ce qui n'est pas le cas actuellement, et sans risquer non plus de créer une panique meurtrière et dange-reuse. Certains chercheurs veulent nous contacter par radio mais nous ne voulons pas, en répondant, qu'ils puissent situer notre planète. D'autre part, le temps de transmission serait trop long et nos appareils d'émission utilisent des ondes que votre technique ne peut percevoir car vous ne les connaissez pas encore. Elles sont sept fois plus rapides que les ondes-radioélectriques et nous expérimentons de nouvelles ondes une fois et demie plus rapide que ces dernières. Le progrès continue et notre recherche à nous se poursuit dans le but de comprendre et rentrer en rapport avec le grand être dont nous faisons tous partie et dont nous sommes les parasites des atomes, ces atomes étant les planètes et les étoiles. Nous avons en effet pu découvrir que dans l'infiniment petit, des êtres vivants intelligents vivent sur des particules qui sont pour eux des planètes et des soleils en se posant les mêmes questions que nous. L'homme est une «maladie» de l'être gigantesque dont les planètes et les étoiles sont des atomes. Et cet être est sûrement lui aussi parasite d'autres atomes. Dans les deux sens, c'est infini. Mais l'important, c'est de faire en sorte que notre «maladie», l'humanité, continue d'exister et ne s'éteigne jamais. Nous ne savions pas, en vous créant, que nous accomplissions une mission secondaire, «écrite» en nous, répétant ainsi ce qui avait été fait pour nous. Nous avons découvert, à la lumière de notre création et de son évolution, nos origines à nous. Car nous aussi nous avons été créés par d'autres hommes qui ont aujourd'hui disparu, leur monde s'est certainement désintégré, mais grâce à eux, nous avons pu prendre la relève et vous créer. Nous disparaîtrons peut-être un jour mais vous aurez pris, vous, la relève. Vous êtes donc le maillon d'une continuité humaine précieuse. D'autres mondes existent et l'humanité se développe certainement en d'autres points de l'univers. Mais dans cette partie, notre monde est seul à avoir créé et cela est important, car de chaque monde il peut sortir d'innombrables enfants précieux pour la continuité. Cela laisse espérer qu'un jour, l'homme ne sera plus en danger de disparition totale. Mais nous ne sommes pas sûrs que l'homme puisse jamais se stabiliser dans l'abondance. Depuis toujours la chaîne continue et l'équilibre même de l'immense corps dont nous sommes une maladie, un parasite, veut que nous ne nous développions pas trop sous peine d'amener une réaction pouvant entraîner une catas-trophe aboutissant au mieux à une récession, au pire à une destruction totale. Comme dans un corps bien portant, quelques microbes peuvent vivre sans crainte mais s'ils se développent en trop grand nombre, ils créent une maladie gênant l'organisme, qui réagit alors soit naturellement soit à l'aide de médicaments chargés de détruire les microbes res-ponsables.

L'important est apparemment de créer suffisamment de mondes pour que l'humanité ne s'éteigne pas mais surtout de chercher à ce que l'équilibre ne soit pas rompu en reportant nos efforts sur une recherche de l'amélioration du bonheur de ceux qui existent. C'est sur ce plan que nous pouvons vous apporter beaucoup.

L'évolution : un mythe

J'ouvre ici une parenthèse car il faut que vous puissiez dissiper de votre esprit le doute de l'évolution. Vos savants, qui ont établi les théories de l'évolution, ne se trompent pas complètement en disant que l'homme descend du singe et le singe du poisson, etc... En réalité le premier organisme vivant créé sur la Terre a bien été monocellulaire et a ensuite donné des êtres plus compliqués. Mais pas par hasard ! Quand nous sommes venus pour créer la vie sur la terre, nous avons commencé par des créations très simples et nous avons fait progresser nos techniques d'adaptation au milieu pour faire ensuite les poissons, les batraciens, les mammifères, les oiseaux, les primates, et enfin l'homme qui n'est qu'un modèle de singe amélioré, auquel nous avons ajouté ce qui faisait que nous étions des hommes, nous l'avons fait à notre image comme cela est écrit dans la Genèse biblique. Vous pouviez vous rendre compte par vous même qu'une évolution accidentelle a bien peu de chances de se produire pour arriver à une si grande variété de formes de vie, aux couleurs des oiseaux, à leurs démonstrations amoureuses, à la forme des cornes de certaines antilopes. Quel besoin naturel pouvait donc amener les antilopes ou certains bouquetins à avoir des cornes en spirale ?ou les oiseaux à avoir des plumes bleues, ou rouges, et les poissons exotiques ? Cela est l'œuvre de nos « artistes ». N'oubliez pas les artistes quand vous créerez, à votre tour, la vie. Imaginez un monde où ils n'existeraient pas, sans musique, ni films, ni tableaux, ni sculptures, etc... La vie serait bien ennuyeuse et les animaux bien laids s'ils devaient avoir un corps ne répondant qu'à leurs besoins ou à leurs fonctions. L'évolution des formes de vie sur la Terre, c'est l'évolution des techniques de création et la sophistication des œuvres réalisées par les créateurs pour aboutir finalement à la création d'un être semblable à eux. Vous pouvez retrouver des crânes d'hommes préhistoriques, qui sont les crânes des premiers prototypes d'homme qui furent supplantés par d'autres plus évolués, jusqu'au type étant la réplique exacte des créateurs, qui ont eu peur de créer un être qui leur soit de beaucoup supérieur, bien que certains en aient eu la tentation. Si l'on était sûr qu'ils ne se retournent jamais contre leurs créateurs pour les dominer ou les anéantir, comme cela s'est produit entre les diverses races hominiennes créées successivement sur la Terre, au lieu de les aimer comme des pères, la tentation serait grande d'améliorer le genre humain. Cela est possible, mais quel énorme risque ! Certains créateurs ont d'ailleurs peur que l'homme de la Terre soit légèrement supérieur à ses pères, «Satan» est l'un d'entre eux qui a toujours pensé et pense encore que l'homme de la Terre est un danger pour notre planète car un peu trop intelligent. Mais la majorité d'entre nous pense que vous nous prouverez que vous nous aimez et que vous ne chercherez jamais à nous détruire. C'est au moins ce que nous attendons pour vous venir en aide. Il est d'ailleurs possible que, à chaque création de l'homme par l'homme, une légère amélioration, véritable évolution de la race humaine, mais douce afin que le créateur ne se sente pas en danger face au créé, soit réalisée, permettant aux progrès de se faire de plus en plus rapidement. Si nous ne pensons pas encore que nous pouvons vous donner notre bagage scientifique, nous pensons que nous pouvons vous donner sans danger notre bagage politique et humanitaire. Si ce dernier ne vous permet pas de menacer votre planète, il vous permettra d'être plus heureux sur la Terre, et, grâce au bonheur, de progresser plus vite. Cela pourra vous aider à nous montrer plus rapidement que vous méritez notre aide, notre héritage, pour parvenir à un niveau intergalactique de civilisation. Sinon, si l'agressivité des hommes ne se calme pas, si la paix ne devient pas leur seul but et qu'ils permettent à des gens qui encouragent la guerre, en favorisant les fabrications d'armes, les expériences atomiques guerrières, ou en permettant aux armées de continuer à exister, de rester au pouvoir ou de le prendre, nous les empêcherons de devenir un danger pour nous et ce sera un nouveau « Sodome et Gomorrhe ». Comment pourrions-nous ne rien craindre des hommes de la Terre quand ils attaquent leurs semblables, nous qui sommes d'un autre monde et légèrement différents ?

Vous Claude Vorilhon, vous répandrez la vérité sous votre nom actuel que vous remplacerez progressivement par le nom que vous portez pour nous « RAËL ». Ce qui veut dire littéralement « lumière de Dieu » et si l'on fait une traduction plus précise « lumière des Elohim » ou plus exactement « celui qui apporte la lumière des Elohim » ou « Ambassadeur des Elohim » car vous serez bel et bien notre ambassadeur sur la Terre et nous ne débarquerons officiellement que dans votre ambassade. RAËL peut être traduit plus simplement par « messager ».

C'est d'ailleurs par télépathie que nous vous avons fait appeler votre Fils Ramuel, ce qui veut dire « le fils de celui qui apporte la lumière », car il est bien le fils de notre messager, de notre ambassadeur.

Et il repartit comme les autres matins.

Chapitre 6

LES NOUVEAUX COMMANDEMENTS

GÉNIOCRATIE

HUMANITARISME

GOUVERNEMENT MONDIAL

VOTRE MISSION

Géniocracie

Le lendemain je le rencontrai de nouveau et il parla.

« Tout d'abord voyons l'aspect politique et économique :

Quel genre d'hommes permettent à l'humanité de progresser ? Les génies. Il faut donc que votre monde revalorise les génies et leur permette de diriger la Terre. Vous avez eu successivement au pouvoir les « brutes » qui étaient supérieurs aux autres par la force musculaire, les riches qui avaient les moyens d'avoir beaucoup de brutes à leur service, et les politiciens, qui ont pris au piège de leurs espoirs les peuples des pays démocratiques, sans parler des militaires qui ont basé leur réussite sur une organisation rationnelle de la brutalité. Le seul type d'homme que vous n'ayez jamais placé au pouvoir c'est justement celui qui fait progresser l'humanité. Qu'il découvre la roue, la poudre, le moteur à explosion ou l'atome, le génie a toujours fait bénéficier de ses inventions le pouvoir d'hommes moins intelligents que lui, utilisant souvent des inventions pacifiques à des fins meurtrières. Il faut que cela change !

Pour cela il faut supprimer les élections et les votes qui sont complètement inadaptés dans leur forme actuelle à l'évolution de l'humanité. Les hommes sont tous les cellules utiles d'un immense corps qui s'appelle l'humanité. La cellule du pied n'a pas à dire si la main doit ou non prendre un objet. C'est le cerveau qui doit décider, et si cet objet est bon, la cellule du pied en profitera. Elle n'a pas à voter puisqu'elle est faite pour faire avancer l'ensemble dont fait partie le cerveau et n'est pas capable de juger si ce que la main peut prendre est bon ou mauvais. Les votes ne sont positifs que quand il y a égalité de connaissances et de niveaux intellectuels. Copernic fut condamné, par une majorité de gens incapables, parce qu'il était seul à avoir un niveau suffisant pour comprendre. Et pourtant la Terre n'était pas le centre du monde comme le croyait l'Église, elle tournait bien autour du soleil. Quand la première voiture a roulé, si on avait fait voter tout le monde pour savoir si on devait autoriser les voitures ou les interdire, la réponse des gens, qui ignoraient tout de l'automobile et s'en moquaient, aurait été négative et vous rouleriez toujours en voiture à cheval. Comment changer tout cela ?

Vous avez maintenant des psychologues qui sont capables de créer des tests d'évaluation de l'intelligence et de l'adaptation de chaque individu. Il faut que dès l'enfance ces tests soient appliqués systématiquement afin de définir l'orientation des études du sujet et qu'au passage à l'âge où l'individu devient responsable on délimite finalement son coefficient intellectuel qui sera marqué sur sa carte d'identité ou d'électeur. Ne seront éligibles à quelque poste public que ce soit, que les individus ayant un coefficient intellectuel supérieur de 50% à la moyenne et ne pourront être électeurs que ceux ayant un coefficient intellectuel supérieur de 10% à la moyenne. Beaucoup de vos hommes politiques actuels ne pourraient plus exercer leurs fonctions si cela existait aujourd'hui. C'est un système tout à fait démocratique. Il est des ingénieurs qui ont une intelligence inférieure à la moyenne mais qui ont beaucoup de mémoire et ont passé des tas de diplômes grâce à cela, et il y a des ouvriers ou des paysans même pas spécialisés qui ont une intelligence de plus de 50% supérieure à la moyenne... Ce qui est inadmissible actuellement, c'est que la voix de ce que vous appelez vulgairement un « con » vaille autant que celle d'un génie qui a mûrement réfléchi de quelle façon il allait voter. Dans certaines petites villes, les élections sont remportées par celui qui a offert le plus d'apéritifs... Et pas par celui dont les projets sont les plus intéressants. Donc, au départ, droit de vote réservé à l'élite intellectuelle, à ceux dont le cerveau est le plus apte à réfléchir et à trouver des solutions à des problèmes. Ce ne sont pas forcément ceux qui ont fait beaucoup d'études. Il s'agit de placer le génie au pouvoir, vous pouvez appeler ça la géniocratie.

Humanitarisme

Deuxième point : votre monde est paralysé par le profit, et le communisme ne parvient pas à donner aux hommes une carotte suffisante pour qu'ils aient envie de faire des efforts et de progresser. Vous naissez égaux, cela aussi est dans les écrits bibliques. Le pouvoir doit vous faire naître à peu près égaux en fortune. Il est inadmissible que des enfants peu intelligents puissent vivre dans l'opulence grâce à la fortune qu'ont amassée leurs pères pendant que des génies crèvent de faim et font n'importe quelle basse besogne pour arriver à manger, délaissant ainsi des occupations où ils auraient pu faire des découvertes profitant à l'humanité toute entière. Pour éviter cela il faut supprimer la propriété sans instaurer pour autant le communisme. Ce monde n'est pas à vous, cela aussi est écrit dans la Bible. Vous n'en êtes que locataires. Ainsi, tous les biens doivent être loués pour quarante-neuf ans. Cela supprime l'injustice des héritages. Votre héritage, l'héritage de vos enfants, c'est le monde tout entier si vous savez vous organiser pour le rendre agréable. Cette orientation politique de l'humanité n'est pas le communisme, elle se préoccupe de l'avenir de l'humanité ; appelez-la l'Humanitarisme si vous voulez lui donner un nom.

Prenons un exemple : un homme a terminé ses études à vingt et un ans et il veut entrer dans la vie active, il choisit une profession et gagne de l'argent. S'il veut, ses parents étant toujours vivants, se loger, il « achète » une maison, il loue en réalité une maison ou un appartement pour quarante-neuf ans à l'État qui l'a fait construire. Si l'habitation est estimée à cent mille francs, il paiera cette somme par mensualités pendant quarante-neuf ans. À soixante-dix ans (21 +49) il aura payé sa maison et pourra y vivre en ne payant plus rien jusqu'à sa mort. À sa mort, cette maison reviendra à l'État qui devra en laisser la jouissance gratuite aux enfants du décédé si il en a. Supposons qu'il y en ait un, celui-ci jouira toute sa vie gratuitement de la maison de son père. À sa mort, son enfant pourra lui aussi jouir de la maison familiale et ceci éternellement. L'héritage doit être complètement aboli, sauf pour la maison familiale. Ceci n'empêche pas le mérite de chacun d'être récompensé. Prenons un autre exemple : un homme a deux enfants ; l'un est très travailleur, l'autre paresseux. À vingt et un ans, ils décident chacun de suivre leur propre chemin. Ils loueront chacun une maison d'une valeur de 100 000F. Le travailleur gagnera très vite plus d'argent que le paresseux. Il pourra alors louer une maison coûtant deux fois plus cher à la place de la première. S'il en a les moyens, il pourra même louer les deux, l'une lui servant de maison de campagne. Il pourra aussi, si ses économies sont fructueuses, faire construire et louer lui-même pour quarante-neuf ans cette maison, l'argent lui revenant. Mais à sa mort tout reviendra à la communauté, sauf la maison familiale qui reviendra à ses enfants. En quelque sorte, un homme peut faire fortune pour lui, selon son mérite, mais pas pour ses enfants. À chacun son mérite. Pour des entreprises commerciales et industrielles, c'est la même chose. Celui qui a créé une affaire, elle est à lui pendant toute sa vie et il peut la louer, mais jamais pour plus de quarante-neuf ans. Les agriculteurs aussi, leurs terres, ils peuvent les louer pour quarante-neuf ans afin de les exploiter ; après, elles reviennent à l'État qui pourra les relouer pour quarante-neuf ans. Le fils peut les relouer pour quarante-neuf ans. Il doit en être ainsi pour tous les biens qui demeurent exploitables, rien n'est changé quant à la valeur des choses. Actions, or, entreprises, argent liquide, immeubles, tout ce qui peut avoir de la valeur, tout appartient à la communauté mais peut être loué pour quarante-neuf ans par ceux qui en ont acquis les moyens par leur mérite et leur travail. Ainsi un homme ayant fait fortune vers l'âge de quarante ans, pourra faire construire des immeubles, les louer en appartements pour quarante-neuf ans et jouir de cet argent jusqu'à sa mort. Ensuite, l'argent provenant de ces locations reviendra à la communauté. Cet humanitarisme est déjà prescrit dans la Bible :

« Tu compteras pour toi sept sabbats d'années, sept fois sept années : (...) quarante-neuf ans.

(...) Quand donc tu feras une vente à ton prochain ou que tu achèteras de la main de ton prochain, ne vous lésez pas l'un l'autre. D'après le nombre d'années après le Jubilé tu achèteras de ton prochain, d'après le nombre d'années de productions il te vendra. Selon qu'augmentent les années, tu augmenteras son prix, et selon que diminuent les années, tu diminueras son prix, car c'est un nombre de productions qu'il te vend.

(...) terre ne se vendra pas à perpétuité, car la terre est à moi, tandis que vous êtes des hôtes et des résidants chez moi ». (Lévitique, XXV, 8, 14-16, 23)

Si le génie est admis au pouvoir il comprendra l'utilité de ces réformes. Vous devez également faire en sorte que toutes les nations de la Terre s'allient pour ne plus avoir qu'un seul gouvernement.

Gouvernement mondial

Ce qui vous permettra d'y arriver, c'est la création d'une nouvelle monnaie mondiale et d'une langue unique. On ne parle plus l'auvergnat à Clermont-Ferrand, on ne parlera plus le français à Paris bientôt, ni l'anglais à Londres, ni l'Allemand à Francfort. Vos scientifiques et vos spécialistes des langues doivent s'unir et travailler pour créer une langue nouvelle, inspirée de toutes et rendue obligatoire dans les écoles du monde entier comme deuxième langue. Pour la monnaie c'est la même chose : la valeur mondiale ne peut être ni le franc, ni le dollar, ni le yen, mais une nouvelle monnaie créée pour les besoins de la Terre toute entière sans léser un peuple qui se demanderait pourquoi on a choisi celle d'un autre pays au lieu de la sienne.

Enfin le détonateur nécessaire à une telle union est la suppression du service militaire qui n'apprend que des choses servant l'agressivité aux jeunes hommes et la mise au service de l'ordre public des militaires de carrière. Cela doit intervenir dans tous les pays en même temps, gage indispensable de sécurité.

Votre mission

Comme je vous l'ai déjà dit, nous savons que notre venue officielle accélérerait bien des choses. Mais nous attendrons pour cela de voir que les hommes ont vraiment envie de nous voir venir, qu'ils nous aiment et nous respectent comme des pères que nous sommes. Que nos engins ne soient pas menacés par vos forces guerrières destructrices.

Pour arriver à cela, clamez à travers le monde que vous m'avez rencontré et répétez ce que je vous ai dit. Les sages vous écouteront. Beaucoup vous prendront pour un fou ou un illuminé mais je vous ai expliqué plus haut ce qu'il faut penser des majorités imbéciles. Vous savez la vérité et nous resterons en rapport avec vous par télépathie pour vous redonner confiance et vous donner des informations supplémentaires si nous trouvons cela nécessaire. Ce que nous voulons c'est voir s'il y a suffisamment de sages sur la Terre. Si un assez grand nombre vous suivent, nous reviendrons au grand jour. Où ? Dans l'endroit que vous aurez fait aménager pour nous accueillir.

Faites construire une résidence dans un pays agréable au climat doux, comprenant sept chambres toujours prêtes à recevoir des invités, ayant chacune une salle de bain, une salle de conférence pouvant recevoir au moins vingt et une personnes, une piscine, une salle à manger pouvant accueillir vingt et une personnes. Cette résidence devra être construite au milieu d'un parc. Elle devra être à l'abri des regards indiscrets. Le parc sera entièrement clos de murs, empêchant de voir la résidence et la piscine. La résidence devra être située au moins à 1000 mètres du mur entourant le parc. Elle aura au maximum un étage de haut et devra être dissimulée des abords du mur par un rideau de végétation. Deux entrées existeront dans le mur d'enceinte. L'une au Nord, l'autre au Sud. La résidence possédera aussi deux entrées. Sur le toit de la résidence il y aura une terrasse sur laquelle pourra se poser un engin de douze mètres de diamètre. Un accès de cette terrasse à l'intérieur est indispensable. L'espace aérien situé au-dessus et aux abords de cette résidence ne devra pas être soumis à une surveillance militaire directe ou effectuée par radar. Vous essaierez d'obtenir que le terrain où s'établira cette résidence, si possible plus vaste qu'il est prescrit, soit considéré comme terrain neutre par les nations et par le pays où il aura été choisi, au titre de notre ambassade terrestre. Vous pourrez vivre avec votre femme et vos enfants dans cette résidence qui sera placée sous votre direction et vous pourrez y avoir des serviteurs et des invités que vous aurez choisis. Toutefois, la partie contenant les sept chambres devra être située immédiatement sous la terrasse d'accès et séparée des lieux utilisés par les hommes par une épaisse porte métallique, fermée en permanence et pouvant être verrouillée de l'intérieur. Un sas d'aseptisation devra être construit à l'entrée de la salle de conférences.

Le financement de cette réalisation sera possible grâce à l'aide que vous obtiendrez de ceux qui croiront en vous, donc en nous, et qui seront donc sages et intelligents. Ceux-ci seront récompensés quand nous viendrons. Tenez un fichier de ceux qui contribueront financièrement à la réalisation, si modeste que soit leur contribution, à l'édification ou à l'entretien de cette résidence et prenez, à travers le monde, dans chaque nation, un responsable de la divulgation de la vérité permettant aux gens de s'unir pour la répandre.

Faites près de la résidence, sur une montagne, venir du monde entier tous les ans, les gens qui souhaitent nous voir venir après avoir pris connaissance de ces écrits.

Qu'ils soient le plus grand nombre possible et faites leur penser à nous, souhaiter intensément notre venue. Quand ils seront assez nombreux et qu'ils auront assez intensément envie de nous voir, sans mysticisme religieux, en hommes responsables mais respectant leurs créateurs, nous viendrons au grand jour et nous donnerons aux hommes de la Terre notre héritage scientifique. Si les tempéraments guerriers sont réduits à une totale impuissance dans le monde entier, cela se produira. Si l'amour de la vie et de l'humanité pour nous et donc pour elle-même est assez fort, oui, nous viendrons au grand jour. Nous attendrons ; et si l'homme demeure agressif et progresse d'une façon dangereuse pour les autres mondes, nous anéantirons cette civilisation et les points où elle conserve ses richesses scientifiques et ce seront de nouveaux « Sodome et Gomorrhe » en attendant que l'humanité soit digne, moralement, de son niveau scientifique.

L'avenir de l'homme est entre ses mains et la vérité est entre les vôtres. Répandez-la à travers le monde et ne vous découragez pas. Nous ne vous aiderons jamais ouvertement ni de quelque façon qui puisse servir de preuve aux sceptiques, le scepticisme allant souvent de pair avec l'agressivité. Les intelligents vous croiront car ce que vous allez dire n'a rien de mystique. Cela est important pour nous, que l'on vous croie sans preuve matérielle nous prouve plus que tout autre chose que l'on est intelligent et donc digne de recevoir de nous l'héritage scientifique.

Maintenant, allez, vous ne serez pas oublié si vous triomphez durant votre vie terrestre et même après, si nous devons attendre vos descendants pour venir, car scientifiquement nous pourrons vous faire revivre ainsi que tous ceux qui auront mené les hommes sur la voie du génie humain, avec l'amour des créateurs pour guide, à la condition que leurs restes soient conservés dans des tombeaux.

Notre seule aide se bornera à apparaître dès à présent de plus en plus fréquemment afin de sensibiliser les gens au problème et de leur donner envie de prendre connaissance de la vérité que vous leurs transmettez. Progressivement, grâce à des apparitions de plus en plus fréquentes, nous arriverons à ce que l'opinion publique soit sensibilisée et à ce que nos apparitions ne déclenchent plus une adoration stupide, mais un désir profond de rentrer en rapport avec nous pour les populations.

Votre mouvement vous l'appellerez le MOUVEMENT RAÉLIEN[1].

[1]N.D.L.R. : Le 15 mai 1976 : dernière réunion du « MADECH », constitution du « MOUVEMENT RAÉLIEN », puis dès le 6 août 53 (1998) de la « Religion Raélienne ».

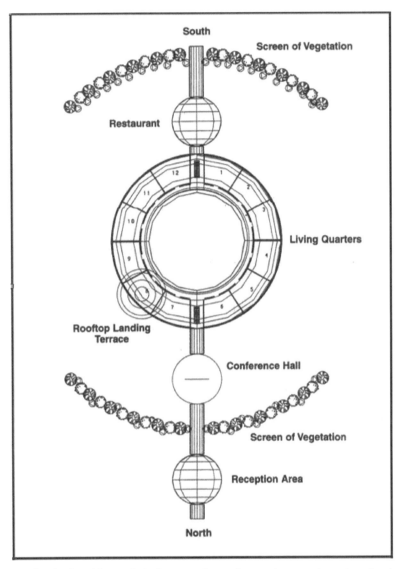

Un dessin d'architecte de la future ambassade pour les extraterrestres, basé sur les détails donnés à Raël lors de sa deuxième rencontre, le 7 octobre 1975.

Un modèle à l'échelle de l'ambassade avec un vaisseau extraterrestre atterrissant sur son aire d'atterrissage.

Raël affirme qu': « Il y a des « crop circles » qui sont faits par les Élohim pour encourager l'humanité à bâtir l'ambassade. » Celui-ci, apparu à Cheesefoot Head, dans le comté de Wiltshire en Angleterre au mois d'août 1990, ressemble beaucoup au plan détaillé de l'ambassade.

Chapitre 7

LES ELOHIM

LES BOMBES ATOMIQUES
LA SURPOPULATION
LE SECRET DE L'ÉTERNITÉ
L'ÉDUCATION CHIMIQUE
MOUVEMENT RAÉLIEN

Les bombes atomiques

Avant que nous nous quittions pour la dernière fois avez-vous des questions à me poser ?

– Vous m'avez décrit l'apparition d'Ezéchiel comme étant des hommes munis de scaphandres et m'avez dit que l'atmosphère de votre planète n'était pas la même que celle de la Terre. Comment se fait-il que vous ne portiez pas de scaphandre actuellement ?

– Parce que nous aussi nous avons effectué des progrès scientifiques et que maintenant nous pouvons nous en passer. Mon visage a l'air d'être à l'air libre, en réalité il est protégé par un scaphandre invisible composé de rayons répulseurs à l'intérieur duquel je respire un air différent du vôtre. Ces rayons laissent passer les ondes mais pas les molécules de l'air. Vous pouvez comparer cela aux émissions de bulles qui sont faites à l'intérieur de vos ports pour empêcher le mazout de sortir.

– Les bombes atomiques constituent-elles un danger pour l'humanité ?

– Oui, un grand danger. Mais cela nous permettra, en cas de besoin, de n'avoir pas beaucoup à faire pour détruire cette civilisation si les hommes ne s'assagissent pas. Peut-être qu'ils se détruiront d'eux-mêmes. S'ils ne le font pas et qu'ils deviennent menaçants pour nous, il nous suffira de faire exploser leurs stocks de bombes sans envoyer d'armes offensives contre eux. Nous pourrions faire cela soit par des rayons, soit par télépathie en faisant en sorte qu'une des grandes puissances devienne «l'agresseur», ce qui déclencherait automatiquement une riposte fatale. Si les hommes ne veulent plus être exposés à ce péril, il leur suffit de retirer les armes atomiques aux militaires. Leur puissance, appliquée en douceur, permettrait de donner aux pays qui manquent d'énergie de quoi faire de gros progrès. Il serait urgent pour vous de stopper les essais nucléaires car vous ne savez pas à quoi vous vous exposez. Cependant, si les hommes continuent de jouer aux atomiseurs, cela nous simplifiera les choses au cas où nous devrions les réduire au silence.

– Sur votre planète, vous avez des femmes?

– Oui, il en est question dans la Bible et je vous ai fait noter le passage en question.

– Et des enfants aussi?

Oui, nous pouvons avoir des enfants exactement comme vous.

La surpopulation

Mais vous m'avez dit être en quelque sorte immortels ? Comment faites- vous pour lutter contre la surpopulation ?

Ce problème, en effet, se posera très rapidement sur la Terre. Pour le résoudre, et vous devez le résoudre tout de suite car vous êtes suffisamment nombreux, il faut que vous développiez la contraception et que vous fassiez des lois très strictes n'autorisant les femmes à avoir que deux enfants. Si chaque couple n'engendre que deux enfants, la population arrivera à ne plus augmenter. Cela aussi nous allons observer comment vous vous en tirerez. C'est encore une épreuve de l'intelligence pour voir si vous méritez notre héritage. Je vous donne la solution à votre problème actuel, à vous qui ne vivez que soixante-quinze ans en moyenne. Pour nous, effectivement le problème est différent. Nous ne sommes pas éternels. Nous pouvons vivre grâce à une petite intervention chirurgicale, «l'arbre de vie» biblique, dix fois plus longtemps que vous. Nous avons des enfants et nous appliquons la règle dont je viens de vous parler 2 parents, 2 enfants, ce qui fait que notre population est constante.

– Combien êtes-vous ?

– Nous sommes environ 7 milliards.

– Nous nous sommes rencontrés six jours de suite ; à chaque fois vous repartiez sur votre planète ?

– Non, je regagnais un vaisseau intergalactique qui nous sert de base et qui demeure constamment près de la Terre.

– Combien êtes-vous sur ce vaisseau ?

– Sept, sur notre planète il y a sept provinces. Un représentant de chacune d'elles est dans ce vaisseau. Si l'on ajoute deux responsables du vaisseau nous sommes en permanence neuf.

– Si les hommes de la Terre font exactement ce que vous souhaitez, que se passera-t-il ?

– Nous viendrons officiellement dans la résidence que vous aurez préparée et nous vous demanderons d'y faire venir les représentants officiels des pays les plus importants de l'humanité afin d'obtenir l'union totale des peuples de la Terre. Si cela se passe bien, nous ferons bénéficier l'humanité de notre avance scientifique, progressivement. Suivant l'usage qui en sera fait, nous verrons si nous pouvons donner aux hommes toutes nos connaissances et vous faire ainsi entrer dans l'ère intergalactique avec nos vingt-cinq mille ans d'avance scientifique pour héritage.

– Vous êtes le seul monde à posséder ce niveau scientifique ?

– Dans cette région de l'univers, oui. Il y a une infinité de mondes habités par des êtres de type humanoïde, dont le niveau scientifique est plus bas que le nôtre, tout en étant largement supérieur au vôtre. Ce qui nous fait craindre de disparaître, c'est que nous n'avons pas trouvé de planète ayant une civilisation aussi évoluée que la nôtre. Nous entretenons des rapports économiques avec beaucoup d'autres planètes sur lesquelles la vie a été créée par d'autres hommes qui ont dû avoir un niveau scientifique égal au nôtre comme nous le prouvent leurs écrits religieux. Malheureusement, les civilisations créatrices des plus proches de ces mondes, il nous a été impossible de les retrouver. Peut-être en trouverons-nous plus loin car nous continuerons de prospecter l'univers, toujours plus loin. Dans la plupart des cas leur planète s'est trop rapprochée de leur soleil et la vie est devenue impossible ou leur soleil a explosé ou s'est trop refroidi. Tout cela, bien que nous ne remarquions rien d'anormal actuellement dans notre système, nous fait craindre le pire.

– Il n'y a donc pas de religion chez vous ?

– Notre seule religion c'est le génie humain. Nous ne croyons qu'à cela et nous aimons particulièrement le souvenir de nos créateurs à nous, que nous n'avons jamais revus et dont nous n'avons pu retrouver le monde. Ils ont dû disparaître. Ils avaient pris la précaution de mettre en orbite autour de notre planète un engin immense contenant tout leur savoir, qui s'est posé automatiquement sur notre planète, quand leur monde a été détruit. Grâce à eux nous avons repris le flambeau. Ce flambeau que nous aimerions voir repris par la Terre.

– Et si votre planète était détruite ?

– Le même processus est prévu qui vous donnera automatiquement notre héritage, au cas où notre monde serait anéanti.

Le secret de l'éternité

– Vous vivez dix fois plus longtemps que nous ?

Notre corps vit dix fois plus longtemps en moyenne que le vôtre, comme les premiers hommes de la Bible. Entre sept cent cinquante et mille deux cents ans. Mais notre esprit, donc notre véritable personnage, peut être vraiment immortel. Je vous ai expliqué qu'à partir de n'importe quelle cellule d'un corps on peut recréer l'être tout entier avec de la matière vivante neuve : quand nous sommes en pleine possession de nos moyens et que notre cerveau est au maximum de son rendement et de ses connaissances, nous nous faisons enlever chirurgicalement une partie minuscule de notre corps qui est conservée. Lorsque nous mourons vraiment, à partir d'une cellule prise sur le petit morceau de notre corps qui a été prélevé plus tôt, nous recréons complètement le corps tel qu'il était à ce moment-là. Je dis bien tel qu'il était à ce moment-là, c'est-à-dire avec toutes ses connaissances scientifiques et sa personnalité d'alors. Mais le corps est constitué d'éléments neufs qui ont devant eux mille de vos années à vivre. Et ainsi de suite éternellement. Seulement, afin de limiter l'accroissement de la population, seuls les génies ont droit à cette éternité. Tous les hommes de notre planète se font faire le prélèvement des cellules à un certain âge et espèrent qu'ils seront choisis pour renaître après leur mort. Ils l'espèrent et tous vivent en essayant de mériter cette résurrection. Une fois qu'ils sont morts, un grand conseil des éternels se réunit pour juger, en un « jugement dernier », quels sont ceux qui, morts durant l'année, méritent de vivre une autre vie. Durant trois existences, l'éternel est stagiaire et au bout de ces trois vies, le conseil des éternels se réunit pour juger à la lumière des travaux de l'intéressé, si il mérite d'entrer au conseil des éternels en tant que membre perpétuel. A partir du moment où l'on souhaite une nouvelle vie, on n'a plus le droit d'avoir d'enfants. Ce qui n'empêche pas l'amour évidemment. Ceci nous permet de comprendre pourquoi les savants, qui étaient du conseil des éternels, voulaient créer la vie sur d'autres planètes. Ils reportaient leur instinct procréateur sur d'autres mondes.

– Comment vous appelez-vous ?

– Si vous voulez nous donner un nom, bien que nous nous appelions des hommes dans notre langue, vous pouvez nous appeler des « Elohim » puisque nous sommes « venus du ciel ».

– Quelle langue parlez-vous sur votre planète ?

– Notre langue officielle se rapproche beaucoup de l'hébreu ancien.

– Chaque jour nous avons parlé ici, ne craigniez-vous pas que d'autres hommes nous surprennent ?
– Un système automatique m'aurait averti immédiatement de l'approche d'autres hommes dans un rayon dangereux, par air ou par terre.

– Quel est votre mode de vie et de travail chez-vous ?

– Nous ne travaillons pratiquement qu'intellectuellement, notre niveau scientifique nous permettant de disposer de robots pour tout. Nous ne travaillons que quand nous en avons envie et seulement avec notre cerveau. Seuls les artistes ou les sportifs « travaillent » avec leurs corps, mais parce qu'ils l'ont choisi. L'énergie atomique très évoluée est quasiment inépuisable surtout que nous avons trouvé un moyen pour utiliser l'atome en circuit fermé et l'énergie solaire. Nous avons quantité d'autres sources d'énergie. Nous n'utilisons pas forcément de l'uranium pour nos réacteurs atomiques mais beaucoup d'autres matières simples et sans danger.

– Mais si vous vivez si longtemps et ne travaillez pas, ne vous ennuyez- vous pas ?

– Non, jamais car nous faisons tous des choses que nous aimons et surtout l'amour. Nous trouvons nos femmes très belles et nous en profitons.

– Le mariage existe-t-il ?

– Non, les femmes sont libres et les hommes aussi. Les couples existent, ceux qui ont choisi de vivre en couple peuvent le faire, mais ils sont libres de reprendre leur liberté quand ils le veulent. Nous nous aimons tous les uns les autres. La jalousie n'existe pas puisque tout le monde peut tout avoir et que la propriété n'existe pas. Il n'y a pas de criminalité chez nous, donc pas de prison ni de police. Il y a par contre beaucoup de médecins et des visites médicales de l'esprit, régulières. Ceux chez qui on décèle le moindre déséquilibre moral pouvant entraîner des actes contraires à la liberté de chacun ou à la vie des autres sont tout de suite soumis à un traitement qui les ramène dans le droit chemin.

– Pouvez-vous me décrire la journée d'un homme moyen chez vous ?

– Le matin il se lève, se baigne car il y a des piscines partout chez nous, déjeune puis fait ce qu'il a envie de faire. Tous les gens «travaillent» mais parce qu'ils en ont envie, étant donné qu'il n'y a pas d'argent chez nous. Ainsi, ceux qui «travaillent» font des choses toujours très bien faites puisque étant faites par vocation. Seuls les éternels ont des missions bien précises comme par exemple la surveillance des cerveaux électroniques et des ordinateurs s'occupant des problèmes vitaux, comme l'énergie, la nourriture, l'organisation, etc. Sur 7 milliards d'habitants il n'y a que sept cents éternels qui vivent complètement en marge des autres hommes. Ils ont le privilège d'être éternels, mais le devoir de s'occuper de tout pour les autres qui ne sont pas obligés de travailler.

À ces sept cents éternels il faut ajouter deux cent dix stagiaires (environ soixante-dix par an soit dix par province). Sur les sept milliards d'habitants il n'y a que quarante millions d'enfants environ. Ce n'est qu'une fois majeurs (entre dix-huit et vingt et un ans suivant les sujets) que les enfants subissent l'opération qui leur donne une longévité de plus de sept cent cinquante ans. A ce moment-là, ils peuvent à leur tour avoir des enfants. Ce qui fait que les plus âgés de nos habitants normaux connaissent leurs descendants jusqu'à la cinquantième génération. Sur sept milliards d'habitants il n'y a environ qu'un million d'inactifs presque tous en traitement, car ce sont généralement des désaxés moraux qui sont soignés par nos médecins durant environ six mois. La majorité des hommes s'intéressent aux arts, peignent, sculptent, jouent de la musique, écrivent, font des films, des sports, etc. Nous avons une civilisation des loisirs dans le plein sens du terme.

Les villes sont en moyenne de cinq cent mille habitants et ne couvrent qu'un très faible espace. Une ville est en réalité une immense maison située sur une hauteur, à l'intérieur de laquelle les gens peuvent dormir, s'aimer, faire ce qui leur plaît. Ces « villes maisons » font à peu près un kilomètre de côté et de haut et sont sillonnées en tous sens d'ondes de déplacement collectives. Vous attachez une ceinture et vous vous placez dans le courant d'ondes qui vous porte jusqu'où vous le désirez très rapidement. Les villes sont des espèces de cubes afin de ne pas « manger » la campagne comme c'est le cas chez vous. Une de vos villes de 500 000 habitants couvre vingt fois plus de surface qu'une des nôtres. Résultat, quand vous voulez aller à la campagne vous mettez plusieurs heures, nous, nous y sommes en quelques dizaines de secondes. Une ville toute entière est conçue par le même architecte afin d'être plus agréable à regarder et de s'intégrer au paysage.

– Mais est-ce que les gens qui n'ont rien à faire ne s'ennuient pas ?

– Non, car nous leur donnons des tas d'activités. Les vraies valeurs de l'individu sont reconnues et chacun veut montrer qu'il a de la valeur. Que ce soit en art, en sciences, en sport, chacun veut briller pour devenir éternel ou tout simplement pour être admiré par la communauté ou par une femme. Certains aiment le risque et les priver du risque de mourir leur enlèverait tout plaisir d'exister, aussi les sports dangereux sont-ils particulièrement répandus.

Nous pouvons ramener à la vie n'importe quel blessé mais ceux qui pratiquent ces sports ne peuvent le faire que si, par écrit, ils acceptent de n'être pas soignés s'ils meurent pendant leur activité sportive. Nous avons un genre de courses d'automobiles atomiques qui vous passionnerait et même des jeux plus brutaux dans le style de la boxe ou plus brutaux encore, un genre de rugby qui se pratique nu et où tous les coups sont permis, boxe, lutte, etc. Tout cela peut vous paraître barbare mais n'oubliez pas que tout extrême doit être équilibré sous peine de chute. Une civilisation extrêmement sophistiquée doit avoir des contrepoids primitifs. Si notre peuple n'avait pas ses idoles, dans son sport favori, il n'aurait plus qu'une envie, mourir. Il faut respecter la vie des autres mais il faut aussi respecter leur envie de mourir ou de jouer avec la mort dans le cadre des spécialités bien définies. Il y a chez nous des concours chaque année dans toutes les branches, dont un concours mondial qui permet de proposer les meilleurs pour l'éternité. Tout le monde ne vit que pour cela. Chaque année, que ce soit en peinture, en littérature, en biologie, en méde-cine, dans toutes les spécialités où peut s'exprimer l'esprit humain, un concours a lieu dans chaque province avec vote des éternels de la province ; les « champions » se retrouvent dans la capitale pour être soumis au vote d'un jury d'éternels qui désigne les champions des champions, enfin ceux qui sont présentés au grand conseil des éternels. Ceux-ci choisissent ceux qui sont dignes de devenir stagiaires éternels.

Ceci est le but, l'idéal de chacun. Les distractions peuvent bien prendre des aspects primitifs quand le but suprême est si élevé.

– Donc les éternels ont une vie tout à fait différente des autres habitants ?

– Bien sûr, ils vivent à part, dans des villes qui leur sont réservées et siègent régulièrement pour prendre des décisions.

– Les plus vieux ont quel âge ?

Le plus âgé, le président du conseil des Éternels a vingt-cinq mille ans et vous l'avez devant vous. J'ai habité 25 corps jusqu'à ce jour et je suis le premier sur qui cette expérience ait été réalisée, c'est pourquoi je suis le président des éternels. J'ai moi-même dirigé la création de la vie sur la Terre.

– Vous devez avoir un savoir incommensurable ?

– Oui, j'ai accumulé pas mal de connaissances, et je ne pourrais pas en emmagasiner beaucoup plus. C'est en cela que l'homme sera peut être supérieur à nous, car le volume de la partie de son cerveau qui emmagasine les informations, la mémoire, est plus important. Les hommes pourront donc emmagasiner plus de connaissances et donc aller plus loin que nous scientifiquement, s'ils en ont les moyens. C'est bien ce qui fait peur aux opposants du Conseil des Éternels. L'homme de la Terre peut progresser plus vite que nous si rien ne s'y oppose.

L'éducation chimique

– Mais les connaissances que doivent accumuler les étudiants doivent être énormes et prendre beaucoup de temps ?

– Non, car grâce à une découverte scientifique importante que vos savants commencent à entrevoir on peut apprendre à un sujet ses leçons chirurgicalement.

Vos savants viennent de découvrir que l'on peut en injectant dans le cerveau d'un rat le liquide de la mémoire d'un rat éduqué, faire en sorte que le rat qui n'a rien appris, sache ce que l'autre savait. On peut communiquer les informations par injection de matière cervicale mémorielle, ainsi nos enfants n'ont presque pas de travail. Régulièrement, ils subissent des injections de matière cervicale prélevées sur des sujets possédant les informations nécessaires à l'instruction. Les enfants n'ont ainsi à se préoccuper que des choses intéressantes, programmées par eux- mêmes, reconstruire le monde en théorie, s'épanouir dans le sport et les arts.

– Vous n'avez jamais de guerre entre les provinces de votre monde ?

– Jamais, les compétitions sportives sont suffisamment développées pour supprimer l'instinct guerrier. D'autre part, psychologiquement, le fait pour les jeunes sujets de pouvoir risquer leur vie dans des jeux où il y a systématiquement, à chaque manifestation, plusieurs morts, supprime l'instinct guerrier en permettant à ceux qui le subissent trop intensément de l'assouvir au péril de leur propre vie sans entraîner ceux qui ne le veulent pas, sur des voies dangereuses. Si sur la Terre il y avait des sports ou des jeux encore plus dangereux mais organisés, cela contribuerait à diminuer les possibilités de création de conflits internationaux.

– Les sept peuples de votre monde sont-ils semblables ?

– Non, il y a comme chez vous différentes races et différentes cultures. Ces provinces ont été créées en fonction de ces races, de ces cultures, en respectant la liberté et l'indépendance de chacune.

– Serait-il possible à un homme de visiter votre planète ?

– Oui, il vous suffirait de revêtir un scaphandre approprié à votre respiration pour que vous puissiez venir. Vous pourriez vivre sans scaphandre dans la résidence où nous avons reproduit l'atmosphère terrestre et où vivent plusieurs hommes de la Terre, dont Moïse, Elie, Jésus-Christ et bien d'autres témoignages vivants de notre création que nous pourrons faire revenir sur la Terre en temps voulu pour appuyer vos dires.

– Pourquoi ne pas les faire venir tout de suite ?

– Parce que dans votre monde incrédule, si Jésus-Christ revenait, il serait mis dans un asile de fous.

Imaginez un homme débarquant parmi vous et se disant le « Christ ». Ils n'amènerait que des moqueries et serait très vite interné. Si nous intervenions en réalisant des prodiges scientifiques pour montrer qu'il est vraiment le « Christ », cela relancerait la religion basée sur Dieu et revaloriserait le surnaturel ou le mystique, ce que nous ne voulons pas non plus ».

Alors le petit homme me salua pour la dernière fois après m'avoir dit qu'il ne reviendrait que quand ce qu'il m'avait demandé serait accompli et il monta dans son engin qui décolla et disparut comme les autres matins.

Mouvement Raélien

Quelle histoire ! Quelle révélation !

Une fois chez moi, en mettant de l'ordre dans les notes que j'avais prises, en les classant et en les recopiant, je me suis rendu compte de l'immense mission qui m'était confiée et du peu de chances que j'avais de la mener à bien. Mais comme il n'est pas nécessaire d'espérer pour entreprendre, j'ai décidé de faire ce qui m'était demandé au risque d'être pris pour un illuminé. Après tout, si être illuminé veut dire « avoir reçu la lumière » alors je veux bien être un illuminé. Il vaut mieux être un illuminé qui sait, qu'un homme éclairé qui ne sait pas.

Je tiens à préciser aux sceptiques de tous poils que je ne bois pas d'alcool et que je dors très bien la nuit, merci. On ne peut pas rêver six jours de suite ni inventer tout cela.

À vous qui ne me croirez pas, je dis : regardez le ciel et vous verrez de plus en plus d'apparitions que ni vos savants, ni vos militaires ne pourront expliquer autrement que par des bavardages destinés à sauver la face, qu'ils penseraient perdre si la vérité ne venait pas de l'un de ceux qui font partie de leur cercle fermé. Comment, un « savant » ne saurait-il pas ! Comme ceux qui ont condamné Copernic, parce qu'il avait osé dire que la Terre n'était pas le centre du monde, ne pouvaient admettre qu'un autre qu'eux révèle tout cela.

Mais vous tous qui verrez ou avez vu des engins volants non identifiés, que l'on s'empressera de qualifier de mirages ou de ballons sondes ou d'hallucinations, vous tous qui n'osez pas parler de peur que l'on se moque de vous, ce n'est qu'en vous groupant et en vous adressant à ceux qui y croient que vous pourrez parler librement.

Toutes ces révélations m'ont apporté un bien-être extrême et une profonde paix intérieure dans ce monde où l'on ne sait plus à quoi croire, où l'on ne peut plus croire au « Bon Dieu » à barbe blanche et au diable à sabots, et où les scientifiques officiels ne parviennent pas à donner d'explication suffisamment précise sur nos origines et nos buts ! À la lumière de ces révélations, tout s'éclaire et tout paraît simple. Savoir qu'il y a quelque part dans l'univers une planète remplie de gens qui nous ont créés semblables à eux, qui nous aiment tout en craignant que ceux qu'ils ont créé ne les dépassent, n'est-ce pas profondément émouvant ? Surtout si l'on songe que cette humanité dont nous faisons partie comme eux, il nous sera donné bientôt de participer à son évolution en créant à notre tour la vie sur d'autres mondes.

Maintenant, vous avez lu ce livre que j'ai écrit en essayant de reproduire le plus fidèlement possible tout ce qui m'a été dit, peut-être allez-vous penser que j'ai une imagination débordante et que ces écrits vous auront simplement amusé ou distrait, j'en serais profondément déçu ; peut-être la révélation de ces choses vous aura redonné confiance en l'avenir en vous permettant de comprendre le mystère de la création et les destinées de l'homme, répondant ainsi aux questions que l'on se pose, la nuit, depuis l'enfance, en se demandant pourquoi on existe et à quoi on sert sur cette terre, alors je serai heureux.

Enfin, si vous comprenez que tout ce que j'ai dit n'est que la vérité profonde et souhaitez, comme je le souhaite, voir très vite ces hommes venir officiellement en nous remettant leur héritage, si vous voulez participer à la réalisation de tout ce qui m'a été demandé, j'aurai rempli ma mission. Dans ce cas écrivez-moi et nous vous accueillerons au sein du Mouvement Raélien[1], nous construirons la résidence qu'ils désirent et quand nous serons assez nombreux, de par le monde, à les attendre avec le respect et l'amour que sont en droit d'exiger ceux qui nous ont créés, ils viendront et nous feront bénéficier de leur immense savoir.

Vous tous qui croyez en Dieu ou en Jésus-Christ, vous aviez raison d'y croire, même si vous pensiez que ce n'était pas exactement ce que l'on voulait vous faire croire, mais qu'il y avait un fond de vérité. Vous aviez raison de croire au fondement des écrits mais tort de soutenir l'Église. Si maintenant vous continuez à distribuer votre argent pour que les cardinaux aient de plus belles robes, à autoriser que les militaires existent en faisant planer sur vous la menace atomique, à vos frais, c'est que l'âge d'or auquel nous avons maintenant droit ne vous intéresse pas et que vous voulez rester des primitifs.

Si, par contre, vous voulez participer passivement ou activement, selon vos moyens, au développement du Mouvement Raélien, prenez votre plume et écrivez-moi. Nous allons très vite être assez nombreux pour entreprendre le choix du terrain où s'élèvera la résidence. Si vous doutez encore, lisez les journaux et regardez le ciel ; vous verrez que les apparitions d'engins mystérieux seront de plus en plus nombreuses pour vous redonner le courage d'envoyer votre lettre.

[1]N.D.L.R. : Le 15 mai 1976 : dernière réunion du « MADECH », constitution du « MOUVEMENT RAÉLIEN », puis dès le 6 août 53 (1998) de la « Religion Raélienne ».

Tout lecteur qui souhaite contacter l'auteur ou son organisation, La Religion Raélienne Internationale, afin d'en savoir plus sur ce livre ou pour toute autre question, peut le faire en s'adressant à l'adresse suivante:

Religion Raélienne Internationale
Case Postale 225
CH 1211 Genève 8 Suisse

*Contact : **http://www.rael.org***

Vous venez de lire le premier livre de la série « *Le Message donné par les Extraterrestres* »

La suite de ce livre et les autres ouvrages de Raël :

LES EXTRATERRESTRES M'ONT EMMENÉ SUR LEUR PLANÈTE

2ᵉ livre de la série
« Le Message donné par les Extraterrestres »

Deux ans après, le 7 octobre 1975, dans le Périgord, Raël (nom qui lui a été donné lors de la première rencontre : celui qui apporte la lumière) rencontre de nouveau ces extraterrestres appelés Elohim (« ceux qui sont venus du ciel »). Cette fois, ils l'emmènent sur la planète où ils vivent. Raël y découvre une vie paradisiaque, possible grâce à la science mise au service de l'être humain. Il raconte également sa rencontre avec les anciens prophètes qui y vivent actuellement, en attendant de revenir sur Terre comme toutes les religions l'ont annoncé. Le livre « Les extraterrestres m'ont emmené sur leur planète » est la deuxième partie du Message que les Elohim ont confié à Raël en 1973.

Ce livre nous amène à comprendre l'héritage philosophique de nos créateurs extraterrestres ayant engendré les grandes civilisations sur Terre. Il représente un outil fondamental pour l'éveil individuel et contient des « Clés » qui permettent d'ouvrir les esprits et de se libérer de millénaires d'obscurantisme. Elles concernent des sujets comme l'éducation, la méditation, l'organisation de nos sociétés humaines, etc.

L'Humanité vit une époque charnière, pouvant conduire à son autodestruction ou au paradis. Ce message de fraternité et d'harmonie est adressé à tous les êtres humains par des êtres qui nous observent et qui espèrent que, libres et responsables, nous parviendrons à maîtriser notre agressivité et à amorcer le processus de la paix universelle, indispensable à notre futur et à leur venue. Ils souhaitent revenir et être accueillis avec tout l'amour qu'ils méritent dans l'Ambassade qui aura été construire pour Eux.

ACCUEILLIR LES EXTRATERRESTRES

3ᵉ livre de la série
« Le Message donné par les Extraterrestres »

Dans ses précédents livres, « Le livre qui dit la vérité » et « Les extraterrestres m'ont emmené sur leur planète », Raël raconte les rencontres qui ont eu lieu en 1973 et 1975.

Dans « Accueillir des extraterrestres », paru en 1979 il répond aux questions qui reviennent le plus souvent : Qui a créé le créateur des créateurs ? A quoi sert-il de vivre ? Qu'est-ce que le plaisir ? Qu'est ce que la mort ? etc. Il apporte également certaines informations que les Elohim lui avaient demandé de ne révéler qu'après un délai de trois ans.

Informations qui concernent les risques d'auto destruction de l'humanité par une guerre atomique mondiale.

Ce livre, paru en 1979, contient un développement sur la déresponsabilisation, la soumission à l'autorité avec des valeurs et principes fondamentaux:
– je suis responsable de tout ce que je fais aux autres même si on me l'ordonne ;
– aucune cause ne justifie la souffrance ou la mort d'un

être non violent, et même si la survie de l'humanité en dépendait, cela ne justifierait pas d'exception.

Enfin l'on trouve dans ce livre les témoignages de quelques-unes des personnes, parmi les dizaines de milliers, qui ont décidé d'aider Raël dans sa mission de diffuser les messages des Elohim et de construire une Ambassade dans laquelle ils seront accueillis officiellement et pendront contact avec les gouvernements de la Terre.

MÉDITATION SENSUELLE

Le complément important des 3 premiers livre de la série :
Le Message donné par les Extraterrestres.

Afin d'ouvrir nos esprits vers le futur et réaliser notre plein potentiel, nous devons apprendre à éveiller nos corps aux plaisirs de nos sens... voilà la leçon vitale que Raël affirme avoir ramené de son voyage sur une autre planète.

Dans cet ouvrage, il explique les techniques de méditation que les Elohim ont conçues pour nous aider à nous placer en harmonie avec la nature infinie de toute chose.

En nous aidant à jouir des sons, couleurs, arômes, parfums et caresses plus intensément, dit-il, ces enseignements nous permettent de découvrir en nous, une nouvelle créativité.

GÉNIOCRATIE

Ouvrage d'une théorie politique hautement controversée

La démocratie est une forme imparfaite de gouvernement destinée à laisser la voie à un règne des génies - la géniocratie.

Sous ce système, aucun candidat de fonctions élevées ne peut se présenter aux élections sans que son niveau d'intelligence soit supérieur de cinquante pour-cent de la norme. De plus, afin d'être éligible à voter, un électeur doit détenir une intelligence supérieure de dix pour-cent de la moyenne. La géniocratie est donc une démocratie sélective. Ces concepts provocateurs, selon Raël, sont déjà en application sur la planète des Elohim. À moins que nous puissions trouver quelque chose de mieux, dit-il, ils nous suggèrent de débuter l'implantation d'un système similaire, puisque tout progrès humain est inévitablement dépendant du travail des génies.

Raël décrit ici comment un tel progrès peut s'appliquer à nous – une fois que l'évaluation de l'intelligence est suffisamment développée.

OUI AU CLONAGE HUMAIN

Dans ce livre, il explique pourquoi le clonage, tel que nous le connaissons aujourd'hui, est le premier pas vers la possibilité de devenir éternel pour tous les êtres humains. La création de clones, qui seront des répliques physiques exactes de nous-mêmes, ainsi que le transfert de notre mémoire et de notre personnalité dans leur cerveau, nous permettront véritablement de vivre éternellement. Nous nous souviendrons de tout notre passé et serons capables d'accumuler des connaissances à l'infini. Le plus grand rêve de l'humanité, la vie éternelle, qui était promise par les religions du passé uniquement après la mort et dans un paradis mythique, deviendra bientôt une réalité scientifique. Raël explique également comment les nouvelles technologies vont révolutionner notre environnement et nos vies. Les nanotechnologies, par exemple, qui supprimeront l'agriculture et l'industrie, les intelligences artificielles qui dépasseront de loin les capacités de l'esprit humain, la vie éternelle à l'intérieur des ordinateurs sans avoir besoin d'un corps biologique, la téléportation, les robots biologiques ; voilà quelques sujets, parmi tant d'autres que traite ce livre, qui nous permettent d'entrevoir l'avenir extraordinaire qui nous attend. Et comme le dit Raël lui-même, ce futur n'est pas de la science-fiction : tout cela se produira dans les prochaines décennies ! Un livre pour se préparer à un monde inimaginable, qui fera de la Terre un paradis où personne ne sera obligé de travailler.

LE MAITREYA, EXTRAITS DE SON ENSEIGNEMENT

Raël n'est pas seulement le messager des Elohim, celui qui apporte une explication révolutionnaire de nos origines et décrit un avenir merveilleux grâce à la science. C'est aussi un éveilleur exceptionnel qui, depuis plus de quarante ans, organise des séminaires de méditation dans le monde entier et dispense un enseignement d'une sagesse incommensurable, qui a apporté le bonheur dans la vie de milliers de personnes. Pour les Asiatiques, Raël est le Maitreya ou le « Bouddha de l'Ouest », comme cela a été prédit. Ce livre, publié en 2003, contient des extraits de son admirable enseignement, dans lequel il détruit les peurs et la culpabilité qui proviennent d'une éducation qui nous a profondément limités. Il apporte une nouvelle spiritualité basée sur le concept d'infini et une connaissance scientifique du fonctionnement du cerveau et de la conscience. Enfin, il prépare les êtres humains à entrer dans le prochain âge d'or, grâce à l'application des nouvelles technologies. En même temps, il nous rappelle de méditer et de remplacer la culture de l'avoir, qui domine le monde actuel, par une culture du bonheur et de l'être.

REMERCIEMENTS

Des remerciements reviennent aux Archives Photographiques du Mouvement Raélien International (MRI) situé à Le Mans pour la permission d'utilisation des photographies et illustrations de cet ouvrage pour lesquelles le Mouvement Raélien International est détenteur des droits d'auteur.

Des remerciements similaires reviennent à George Wingfield pour la permission d'utiliser les photographies aériennes des cercles dans les champs qu'il a prises à Cheesefoot Head à Wiltshire, Angleterre, en août 1990.

Les références des textes bibliques ont été reprises de La Bible, traduction d'Édouard Dhorme, Bibliothèque de la Pléiade (NRF).

Made in United States
Troutdale, OR
04/22/2024

19359355R00100